COMUNICANDO
CIÊNCIA COM CIÊNCIA

COMUNICANDO CIÊNCIA COM CIÊNCIA

AUTOR

Jorge Luiz Brasil Siqueira

Médico, palestrante, treinador,
ex-executivo de indústrias farmacêuticas de pesquisa
e apaixonado por comunicação e aprendizado

Atheneu

Rio de Janeiro • São Paulo
2025

Editora Atheneu

São Paulo	—	Rua Maria Paula, 123 – 13º andar Conjuntos 133 e 134 Tel.: (11) 2858-8750 E-mail: atheneu@atheneu.com.br
Rio de Janeiro	—	Rua Bambina, 74 Tel.: (21) 3094-1295 E-mail: atheneu@atheneu.com.br

Capa: FK Estúdio
Produção Editorial: Alice Barducci

CIP-BRASIL. CATALOGAÇÃO NA PUBLICAÇÃO
SINDICATO NACIONAL DOS EDITORES DE LIVROS, RJ

S63c

Siqueira, Jorge Luiz Brasil
Comunicando ciência com ciência / Jorge Luiz Brasil Siqueira. – 1. ed. – Rio de Janeiro : Atheneu, 2025.
il. ; 21 cm.

Inclui bibliografia e índice
ISBN 978-65-5586-849-4

1. Comunicação na ciência. 2. Comunicação na medicina. I. Título.

24-95669 CDD: 610.696
CDU: 614.2:316.77

Gabriela Faray Ferreira Lopes - Bibliotecária - CRB-7/6643

Siqueira JLB.
Comunicando ciência com ciência

Dedicatória

Dedico esta obra à minha família, alicerce de todas as minhas conquistas e do meu desejo de seguir adiante sempre, e a todos os meus amigos que continuamente contribuem para que eu seja um ser humano cada vez melhor.

Agradecimentos

À minha amada esposa, Dra. Rosanna Vilardo Mannarino, e ao meu querido amigo Dr. Carlos Leonardo Carvalho Pessôa, pelo inestimável apoio na construção dessa jornada, colocando-se sempre à disposição para experimentar e validar novos conceitos propostos em suas apresentações; a todas as pessoas que confiaram no meu trabalho, o meu muito obrigado!

Nota sobre o autor

Médico, com pós-graduações e mestrados em Medicina e *Marketing*. Após uma consistente carreira assistencialista e docente nas disciplinas de Fisiologia, Farmacologia e Medicina Interna, ingressou na indústria farmacêutica de pesquisa, nas áreas de Farmacovigilância e Informação Médica. Sua imensa curiosidade, aliada à sua capacidade de comunicação e liderança, o levou a percorrer um caminho diversificado na indústria, passando pelas áreas de *Marketing*, Vendas, Treinamento, Desenvolvimento de Negócios e Acesso ao Mercado.

Ao longo dessa jornada, teve a percepção de que a comunicação impactante de novos conceitos científicos e novas tecnologias, produzidos em velocidade cada vez maior, se tornou pilar fundamental a ser aperfeiçoado, para que eles saíssem da bancada de pesquisa para a prática e beneficiassem a sociedade o mais rapidamente possível. Desde então, vem se dedicando ao estudo das neurociências do aprendizado, para aperfeiçoar as habilidades de comunicadores de ciências de modo geral, por meio de uma abordagem holística, entendendo as necessidades e as peculiaridades das comunicações científicas.

Seus treinamentos usam a imersão em situações muitas vezes não percebidas ou não valorizadas por seus treinados como ponto de melhorias nas apresentações, fazendo-os se convencer de que devem mudar suas técnicas, sem que lhes sejam impostos conceitos não cientificamente embasados. Seus ex-treinados, desde jovens cientistas até renomados catedráticos e palestrantes, têm reconhecido esse modelo de treinamento como diferenciado e altamente proveitoso.

Depoimentos

Considero o *speaker training* que fiz com o Jorge Brasil uma importante valorização de nosso trabalho como professores e comunicadores em saúde. Mesmo possuindo muito tempo e vasta experiência como docentes e palestrantes, não dominamos todos os conhecimentos, que sempre evoluem e que podem maximizar nossa didática – e bons professores sempre querem passar seus conhecimentos da melhor maneira possível. Achei maravilhoso o treinamento, por vários motivos: nossas necessidades como professores na área de saúde foram bem compreendidas e bem abordadas, com ensinamentos valiosos e modernos, por alguém familiarizado com nossas atividades, sobretudo em relação à adaptação de nossa comunicação verbal e visual às diferentes plateias, bem como no que diz respeito à importância de contar histórias bem estruturadas para criar vínculos emocionais por meio delas, gerando atenção e motivação para ação. Na parte prática do treinamento, pudemos aprender uns com os outros de maneira descontraída, reforçando os pontos fortes e melhorando o que ainda podia passar por melhorias.

— Doutora Márcia Ribeiro, Professora Titular de Genética Clínica do Departamento de Pediatria da Faculdade de Medicina da Universidade Federal do Rio de Janeiro (UFRJ)

É um prazer trabalhar com o Jorge, um líder colaborativo, que sempre vai além daquilo que é esperado. Nós, da Alnylam, temos no Jorge um consultor que nos auxilia na melhor forma na construção e na entrega dos projetos e dos materiais desenvolvidos. Durante esses anos de parceria, o Jorge nos auxiliou na condução de *advisory boards* e *speaker trainings*, além de ter nos apoiado no desenvolvimento de materiais de treinamento médicos e comerciais. Para mim, o que mais diferencia o Jorge é a forma inovadora e aconselhadora com que ele conduz as iniciativas de que ele participa conosco. O *feedback* dos médicos que participaram dos *speaker trainings* ou dos *advisory boards* é muito positivo, sendo muito comum ouvirmos frases como: "poxa, essa atividade foi diferente" ou "hoje, eu realmente aproveitei essa reunião". A bagagem do Jorge, com anos de experiência em nossa indústria, certamente o transforma em um grande parceiro, com quem temos muito orgulho de trabalhar aqui na Alnylam.

— Renan Rosa, Commercial Excellence Lead, Partner and Emerging Markets da Alnylam

Eu tive a experiência de participar de três treinamentos conduzidos pelo Jorge, sendo o primeiro totalmente *on-line*, durante a pandemia, e os outros dois de forma presencial. Os treinamentos tinham por objetivo educar médicos e prepará-los para serem palestrantes de um novo medicamento, que tinha sido lançado há pouco tempo no Brasil. O desafio era ainda maior, por ser o primeiro medicamento para a doença em questão. Então, todo o mecanismo de ação deveria ser repassado para o público. O Jorge conseguiu conduzir o treinamento de forma excelente, falando a mesma linguagem da audiência e deixando o conteúdo profundo, mas, ao mesmo tempo, acessível. Além disso, a preparação do *slide deck* foi cuidadosa e conseguiu capturar as principais mensagens, que precisavam ser transmitidas de maneira precisa e objetiva. Os resultados foram evidentes: os palestrantes que participaram dos treinamentos demonstraram grande apreço pelo conteúdo e pela forma de condução. Além disso, também foram realizados diversos eventos conosco, colocando em prática o conteúdo dos treinamentos.

— Eduardo Itiama, Diretor de Vendas e Marketing

Para mim, foi um divisor de águas o treinamento com Jorge Brasil, no qual foi possível ampliar minha capacidade didática de forma expressiva e moderna. Sua perspectiva é sagaz e nos leva a uma ampliação de conteúdo de forma leve e espontânea. Em um mundo em que a comunicação é imprescindível, Jorge nos propulsiona a um avanço notório no que tange às estratégias de comunicação.

— Doutora Jesselina Haber, Docente Coordenadora da Disciplina de Pediatria da Faculdade de Medicina da Unimar e Coordenadora do Centro Interdisciplinar de Diabetes (Cenid) da Unimar

O treinamento ministrado pelo Jorge propõe uma reflexão importante sobre como apresentar informações científicas de forma eficaz e engajadora, o que é fundamental para impactar positivamente os nossos *stakeholders*.

— Theo Lourenço, Medical Affairs Lead, Roche

O treinamento dado pelo Jorge foi excelente: a aula foi interativa e muito interessante, trazendo diversas dicas sobre como melhorar a apresentação, como interagir com o público e como se sentir mais confiante para apresentar um conteúdo. Além disso, forneceu ferramentas muito práticas e acessíveis, que sigo utilizando na preparação de minhas aulas. Foi uma grande oportunidade!

— Doutora Michelle Cailleaux, Médica Pneumologista do Instituto de Doenças do Tórax da Universidade Federal do Rio de Janeiro (UFRJ)

Em 2022, tive a oportunidade de conhecer o Jorge Brasil em um treinamento na Universidade Federal Fluminense e de o reencontrar em outro evento, com o mesmo intuito de melhorar minha *performance* em aulas. Jorge Brasil é um exemplo inspirador de profissional, que treina outros profissionais para que apresentem informações de maneira cativante e eficaz. Suas orientações sobre como evitar as armadilhas das aulas longas e monótonas foram extremamente valiosas para minha prática. Ele não apenas compartilha seu vasto conhecimento com precisão, mas também dá dicas de como incorporar técnicas inovadoras que mantêm nossa atenção e enriquecem nossa aprendizagem. Ao observar suas apresentações, aprendi que a chave para engajar o público está na habilidade de conectar-se emocionalmente com os ouvintes, tornando cada sessão educativa uma experiência interativa e memorável. A imagem que está no *slide* e o assunto sobre o qual está se falando devem estar em sintonia de forma objetiva, sem muitas informações ao mesmo tempo. Seu estilo de apresentação dinâmico e acessível não apenas educa, mas também inspira outros profissionais a elevar o padrão das próprias comunicações. O Dr. Jorge Brasil demonstra um compromisso contínuo com a inovação educacional, sempre buscando novas maneiras de melhorar suas técnicas e adaptá-las às necessidades específicas de seu público-alvo. Independentemente de sua área profissional e do que for falar, suas dicas mudam positivamente sua forma de atuar. Seus treinamentos me forneceram a reflexão de como transmitir o conhecimento mais eficaz a nossos pacientes e colegas. Por tudo isso, o Dr. Jorge Brasil é um modelo a ser seguido por todos nós que aspiramos aprimorar nossas habilidades de comunicação e ensino na Medicina.

— Doutora Diane Ávila, Médica Clínica e Cardiologista, atuante na assistência, na pesquisa clínica e na educação médica para profissionais da Saúde.

A apresentação realizada pelo Dr. Jorge Brasil foi, sem dúvidas, um momento decisivo para nós da MKM Biotech, especialmente para os investidores, que estavam decidindo pelo investimento no trabalho científico em questão. O grande diferencial foi a transmissão de informações científicas complexas de maneira objetiva e envolvente, que não apenas captou a atenção dos espectadores (nem todos da área da Saúde), mas também possibilitou a total compreensão do projeto, dos avanços alcançados e dos desafios à frente. Ao final, o projeto recebeu o investimento, com aprovação unânime do comitê de investidores. Especificamente, sua abordagem proporcionou o entendimento e deixou os espectadores empolgados com o projeto, além de ansiosos por qualquer nova notícia a ele relacionada. Para nós, como fundo de investimento, é essencial manter os investidores engajados e interessados. Apresentações como a que foi realizada pelo Dr. Jorge Brasil tornam esse trabalho muito mais fácil.

— Doutor Carlos Zago, CEO da MKM Biotech

Prefácio

Toda grande história possui algum tipo de prefácio. Aliás, está na própria definição da palavra "prefácio", que vem do latim *prae* (antes) e *fatio* (ditos). Literalmente, é aquilo que é dito antes de uma história. Não seria algo diferente para o livro que chega às mãos do ávido leitor.

Não é surpresa que o curso de Medicina não é o lugar ideal para desenvolver as habilidades de comunicação do futuro jovem médico, o que, por si, já é uma contradição, visto que o médico é potencialmente um comunicador na área da Saúde para cada paciente. Se, por vezes, a própria comunicação com o paciente sofre "ruídos", o que se poderia esperar dessa comunicação quando o médico ou qualquer profissional da área precisa se comunicar com audiências maiores?

A grande questão aqui não é o domínio técnico do tema ou a profundidade de conhecimento do profissional, mas os meios e a própria habilidade de transmitir esse conhecimento de maneira a não só se fazer entender, mas também ser capaz de deixar essa informação como elemento perene para sua audiência, a qual, muitas vezes, também é composta de outros profissionais da Saúde.

Dessa forma, é de grande importância o trabalho realizado neste livro pelo Dr. Jorge Brasil. Conhecedor do campo médico em todos os seus diferentes *fronts*: desde atendimento ambulatorial até vivências como professor universitário, preceptoria, além da longa experiência em grandes empresas farmacêuticas, em que o saber médico, se não for bem difundido, pode ter consequências desastrosas.

Ora, toda essa longa trajetória resultou em uma nova fase para o autor, que, observando o vácuo de publicações e treinamentos especializadas nessa área tão específica de comunicação de tópicos médicos por profissionais de saúde, desenvolveu uma metodologia que, como pude comprovar, participando de um treinamento, está longe de se fixar nos velhos clichês de apresentação, trazendo ao leitor elementos práticos, aplicáveis e, sobretudo, adaptáveis por profissionais da Saúde em diferentes esferas.

Ainda que muito da experiência do autor seja trabalhando com médicos em diversas especialidades, o leitor perceberá que o conteúdo do livro vai além desse grupo, abrangendo não apenas profissionais da saúde como um todo, mas também outros leitores interessados em melhorar suas habilidades como comunicadores.

Enfim, muito mais que ser meramente um apresentador, Dr. Jorge Brasil nos ensina que, em um mundo marcado por discussões surgidas por "simples" falta de objetividade na apresentação de um tópico em um vídeo ou ao vivo, todos nós podemos transpor as barreiras naturais da exposição para nos tornarmos verdadeiros comunicadores em saúde.

Doutor Charles Marques Lourenço, MD, PhD
Professor de Genética Clínica e Distúrbios Metabólicos Hereditários na Unidade de Neurogenética – Clínica de Erros Inatos do Metabolismo, Centro de Referência Nacional para Doenças Raras, da Faculdade de Medicina de São José do Rio Preto

Sumário

CAPÍTULO 1

Introdução

> *A ciência não é apenas uma disciplina de razão, mas também uma de romance e paixão.*
>
> *Stephen Hawking*

Você é um cientista apaixonado por seu trabalho e por suas descobertas. Dedica meses a anos testando hipóteses, analisando dados e chegando a conclusões. Você sabe que sua pesquisa tem potencial para contribuir para o avanço do conhecimento, da tecnologia e da sociedade. Por isso, quer compartilhar seus resultados com o mundo, com seus pares, com seus financiadores, com seus alunos, com seus clientes... Você quer que eles entendam, que se interessem, se envolvam, se engajem e se mobilizem. Resumindo: você quer que a ciência que você produz faça a diferença.

Então, vem o grande desafio: como comunicar seu trabalho científico por meio de uma apresentação que seja capaz de gerar a ação de seu público? Como fazer com que as pessoas não se distraiam, não se esqueçam do que está sendo apresentado e não sejam indiferentes às descobertas transformadores que você tem a divulgar? Como evitar que sua apresentação seja mais uma entre tantas outras uma vez que estas são enfadonhas, confusas, cansativas e que, ao final, se tornam praticamente ineficazes?

Se você já se fez essas perguntas, se já recebeu alguma crítica negativa (o que confesso que acho difícil, a não ser da parte de algum orientador de mestrado ou de doutorado realmente sincero e dedicado) sobre suas apresentações ou se simplesmente quer sempre melhorar suas habilidades de comunicação, este livro é para você. Aqui, você vai ser apresentado às essências de como usar a fisiologia do cérebro a seu favor para ensinar, persuadir e inspirar suas plateias. Você vai descobrir como aplicar os conceitos das neurociências do aprendizado para planejar, preparar e executar apresentações científicas que sejam magnéticas, memoráveis e mobilizadoras. Tenho certeza de que você vai ficar muito feliz por descobrir que não é preciso ser um gênio da oratória nem um mestre do *design*, muito menos um mágico dos *softwares* de *slides* para construir apresentações que façam a diferença. Você só precisa entender objetivamente como o cérebro funciona e como você pode usá-lo a seu favor.

Neste livro, trago dicas práticas, exemplos reais do cotidiano e ferramentas para ajudar os apresentadores a construírem suas apresentações. Você vai aprender como despertar e manter a atenção de sua plateia, como facilitar a memorização dos conteúdos, como motivar as pessoas a se mobilizarem após sua apresentação pelo uso de sua voz, de seu corpo e de seus recursos visuais, obviamente alicerçados em seu inegável conhecimento técnico-científico para potencializar sua mensagem. Além disso, conhecerá os erros mais comumente cometidos, aprenderá a evitá-los e entenderá como medir o sucesso da apresentação. Você vai ver que fazer apresentações científicas inspiradoras não é uma questão de talento, mas de técnica, que pode ser aprendida, praticada e aprimorada.

As essências aqui contidas são fruto de minha experiência como médico, professor, executivo, consultor e treinador de apresentações científicas, mas, acima de tudo, como estudioso do assunto. Ao longo da carreira, tive a oportunidade de assistir a centenas de apresentações, bem como de realizá-las ou de orientá-las em diferentes contextos, para diferentes públicos e com diferentes formatos, sempre obtendo *feedbacks* valiosos. Percebi que muitos apresentadores da ciência têm dificuldade em se comunicar de forma eficaz e envolvente com suas plateias, o que compromete o impacto de seu trabalho. Revendo minhas antigas apresentações ou, pelo menos, os *slides* delas remanescentes, constatei que eu mesmo me enquadrava nessa situação.

Infelizmente, porém, a pior constatação que tive é a de que a maioria dos cientistas ou dos comunicadores de ciências são resistentes a aplicar técnicas de comunicação, porque as consideram superficiais, artificiais ou manipuladoras, e preferem se ater aos dados e aos fatos, sem se preocupar com a forma como os transmitem. Talvez essa resistência tenha até sido reforçada por treinamentos recebidos – os famosos *speakers trainings* – de pessoas que não são familiarizadas com as peculiaridades da apresentação científica. Vender um pacote de cruzeiro ou um empreendimento não é a mesma coisa que vender ciência. Contar uma história motivacional não é a mesma coisa que vender ciência. Decidi, então, estudar e experimentar conceitos das neurociências do aprendizado para entender como o cérebro humano processa, armazena e recupera informações, bem como de que forma isso pode ser usado para melhorar as apresentações científicas, as quais têm suas peculiaridades e tornam sua comunicação mais desafiadora. Definitivamente, existe ciência por trás da arte de se comunicar – e ela pode ser usada de forma ética, respeitosa e eficiente para ensinar, persuadir e inspirar qualquer tipo de plateia.

Neste livro, compartilho os principais conceitos, as estratégias e os exemplos que aprendi – e uso – em minhas apresentações, nas dos meus clientes e em meus treinamentos. Espero que você possa aplicar o que aprender em suas apresentações e que possa colher mais rapidamente os frutos de seu trabalho científico. Espero, também, que este livro gere em você uma inquietação inspiradora e que você possa se divertir, se desafiar e se surpreender com o que é capaz de fazer. Sobretudo, espero que este livro seja transformador para você, que o leve a mudar sua forma de pensar, de sentir e de agir em relação a suas apresentações, bem como que o leve a mudar a forma como suas plateias pensam, sentem e agem em relação a seu valioso trabalho.

Fonte: Banco de imagens – iStock.

CAPÍTULO 2

Ensinar e motivar respeitando o funcionamento do cérebro

"O cérebro é mais amplo que o céu."

Emily Dickinson

O cérebro humano aprende e é motivado por meio de mecanismos já bem identificados e descritos. O que pouco se sabe, porém, é que é possível usar esse conhecimento para planejar e preparar suas apresentações científicas. **Você precisa, antes de tudo, entender que o cérebro é um órgão adaptativo, seletivo e social, o que traz implicações para a forma como você transmite seus conteúdos, para o modo como você interage com sua plateia e para a forma como você estimula a ação após sua apresentação.** O aprendizado é regido por alguns princípios que você precisa conhecer, respeitar e, acima de tudo, aproveitar para ensinar e motivar suas plateias. É importante você descobrir como despertar a atenção e mantê-la, como facilitar a memorização, como gerar emoções positivas, como criar conexões e significados, como estimular a curiosidade e a criatividade – finalmente, como provocar a mudança de comportamento que você deseja.

SUBCAPÍTULO 2.1

Despertando e mantendo a atenção: conquistando esse elemento escasso no cérebro

A atenção é o primeiro requisito para que o aprendizado ocorra. Se sua plateia não presta atenção ao que você diz, não importa quão relevante, interessante ou importante seja seu conteúdo – ele não será processado, compreendido ou lembrado. Por isso, você precisa conquistar a atenção da plateia desde o início de sua apresentação e mantê-la ao longo de toda a exposição, mas como fazer isso em um mundo cheio de distrações, informações e estímulos concorrentes?

A resposta está em entender como o cérebro humano presta atenção e em usar algumas estratégias para aproveitar seus mecanismos e suas preferências. O cérebro humano é um órgão adaptativo, que evoluiu para sobreviver e se reproduzir em um ambiente desfavorável e dinâmico. Por isso, ele desenvolveu um sistema de atenção que é seletivo, orientado e sustentado.

O **sistema de atenção seletivo** é responsável por filtrar as informações relevantes e ignorar as irrelevantes, de acordo com nossos objetivos, com nossas expectativas e com nossos interesses. Você já deve ter pedido a alguém que pulasse a introdução de uma conversa, que você considera desnecessária, e fosse logo ao que interessava. Se essa pessoa não pular, você geralmente não consegue disfarçar sua indiferença ao que ela está dizendo. É a seletividade do cérebro atuando em relação à atenção.

Já o **sistema de atenção orientado** é responsável por direcionar nossa atenção a estímulos que são novos, diferentes, surpreendentes ou ameaçadores, podendo representar oportunidades ou riscos para nossa sobrevivência. Talvez você já tenha passado pela experiência de estar sentado em uma roda de amigos, conversando durante uma festa, quando ouve repentinamente seu nome ser citado em um grupo ao lado. O que você faz, imediatamente? Direciona sua atenção, discreta ou indiscretamente, para a conversa do outro grupo, tentando captar o motivo de terem citado seu nome. Quando você retorna a atenção para a conversa de seu grupo, parece que houve um lapso de tempo em sua vida. A situação pode ficar ainda mais constrangedora se alguém do grupo perguntar se você concorda com o que vinha sendo dito, pois você terá de perguntar com o que teria de concordar. Esse é um exemplo de sua atenção sendo direcionada a fato perturbador.

Por fim, o **sistema de atenção sustentado** é responsável por manter nossa atenção focada em uma tarefa ou em uma atividade por determinado período, sem se dispersar ou se cansar, o que é realmente desafiador. É possível? Claro que sim! Você nunca maratonou uma série de televisão? Se até diretores e roteiristas de filmes ou espetáculos se preocupam com a atenção sustentada, por que cientistas, agentes transformadores da sociedade, não devem se preocupar?

Para despertar a atenção da plateia e mantê-la atenta, você precisa usar as três dimensões do sistema de atenção: a relevância, a novidade e a sustentação. Você precisa mostrar para a sua plateia porque o seu conteúdo é relevante para ela, como ele se relaciona com os seus objetivos, necessidades, problemas ou desejos. Você precisa surpreender a sua plateia com algo novo, diferente, inesperado ou desafiador, que quebre os seus padrões mentais e que gere curiosidade e interesse. E você precisa sustentar a atenção da sua plateia com uma narrativa envolvente, que tenha um começo, um meio e um fim. Que tenha um conflito, uma solução e uma conclusão. Que tenha personagens, cenários e ações. Que tenha emoção, humor ou suspense. Resumindo, você precisa utilizar o que se chama hoje dentro dos universos dos publicitários e apresentadores de *storytelling*.

Contar estórias é uma arte executada há milhares de anos por diferentes civilizações e por diferentes meios, e que ganhou reconhecimento significativo muito em decorrência do trabalho de Joseph Campbell no seu livro O Herói de Mil Faces, onde ele descreve o mais conhecido modelo narrativo para *storytelling*: a jornada do herói. O resumo dos elementos fundamentais deste modelo? Personagens, um território, uma batalha e uma mensagem final a ser passada. Se observarmos rapidamente, as estórias de Jesus Cristo, Buda, Moisés, e filmes como Superman, Hulk, Avatar etc., se encaixam neste enredo.

A importância do *storytelling* foi percebida quando os apresentadores notaram que estórias podiam capturar a atenção do público, tornar o conteúdo memorável e gerar uma conexão emocional mais forte com plateia. Mas é possível contar uma estória com dados científicos? Vejamos como geralmente um estudo clínico é relatado numa apresentação: há o personagem (medicamento), há o território (doença), há a batalha (teste), e há o resultado (mensagem final). Existem várias maneiras de se roteirizar uma estória, mas é importante que ela seja bem estruturada e encadeada do início ao fim.

Fonte: Banco de imagens – iStock.

Alguns conceitos importantes sobre o despertar e a manutenção da atenção

1. **A abertura de uma apresentação é o momento certo, curto e único para você dizer à plateia "me acompanhem totalmente agora, porque vai valer a pena"**: é nesse momento que um neurotransmissor, chamado dopamina, inunda seu cérebro se isso for corretamente provocado. Ele está relacionado à atenção, à memória e ao engajamento. Você começa suas apresentações com longos agradecimentos, com referências pessoais e institucionais ou com informações triviais? Tudo bem, seja educado, mas não espere conquistar a atenção de sua plateia no nível necessário fazendo o que quase todo mundo faz e, portanto, já é esperado. É mais provável que sua apresentação comece com um bocejo do que com um arregalar de olhos.
2. **O tempo médio de atenção do cérebro adulto é de 10 minutos a 15 minutos**: esse é o tempo em que seu hipocampo (órgão que funciona como uma câmera ligada enquanto você presta atenção) mantém uma atividade, mas ele precisa ser constantemente "resetado" para voltar ao nível de atenção adequado.

   Lembre-se dos filmes a que você assiste e de como eles são dinâmicos nos estímulos para sua atenção. Às vezes, você precisa baixar o volume da televisão ou aumentá-lo, pois a variação do volume é uma constante – ainda bem que existem os controles remotos! A cada 10 minutos ou 15 minutos, programe-se para uma interatividade com a plateia, por exemplo.

   Peça *feedbacks*, faça perguntas, organize um *quiz*! Isso ainda ajudará na memorização dos dados apresentados, como veremos adiante. Se você não lançar mão desses recursos simples, prepare-se para a triste realidade de ver a maioria do público com os rostos voltados para os celulares depois de uns 15 minutos de palestra. A culpa, primariamente, é do hipocampo, não do telefone celular.

3. O **fechamento de uma apresentação não é um adeus, mas um convite para a plateia embarcar em uma nova jornada com o conhecimento compartilhado**: o nível de atenção de sua plateia deve ser renovado ao final, para que ela saia da apresentação ainda pensando de maneira duradoura nos objetivos de sua exposição. Para isso, termine-a com uma afirmação, uma frase ou uma pergunta que resuma sua mensagem principal e reforce seu objetivo.

   Quando todos acharem que sua apresentação acabou – e tomara que estejam lamentando isso – ofereça o brinde inesperado: lance um desafio, uma visão de futuro que gere uma emoção positiva, que deixe uma impressão marcante. Em suma, convide à ação. Seu fechamento deve ocorrer, sempre que possível, após a sessão de perguntas e respostas. Em mesas-redondas de um congresso, por exemplo, isso é quase impossível, mas não deixe de fazê-lo ao final de sua apresentação.

SUBCAPÍTULO 2.2

Ninguém presta atenção a duas coisas ao mesmo tempo

Um dos maiores mitos é o de que somos capazes de prestar atenção a duas coisas ao mesmo tempo. Nem as mulheres conseguem isso – e olha que eu jurei por muito tempo que elas conseguiam, sim! Na verdade, o que fazemos é alternar nossa atenção entre uma coisa e outra, de forma rápida e sucessiva. **Isso significa que, quando tentamos prestar atenção a duas coisas ao mesmo tempo, estamos na verdade perdendo a atenção em ambas e diminuindo nossa capacidade de processar, compreender e lembrar das informações**.

Isso é o que os neurocientistas chamam de atenção dividida, um dos maiores inimigos do aprendizado. Você é um dos que não gostam de ver filmes legendados, pois fica com a impressão de que perdeu muita coisa do filme? Isso ocorre exatamente devido à atenção dividida. Enquanto você está lendo as legendas – e seus olhos são malditamente atraídos pelas legendas –, você não está prestando a devida atenção aos outros elementos do filme. Quando você vê o mesmo filme dublado em sua língua, a impressão é de que o filme é muito melhor ou mesmo diferente da versão legendada.

Para evitar a atenção dividida em sua plateia, você precisa usar técnicas que a ajudem a focar, a cada vez, no que for mais relevante, mais importante e mais significativo para o aprendizado. Você precisa evitar que a plateia se distraia com estímulos externos ou internos irrelevantes, desnecessários ou excessivos para seu aprendizado.

Quer saber uma verdade incômoda? Os próprios apresentadores criam esses elementos de distração em suas apresentações. Você precisa criar condições para que sua plateia se concentre de maneira adequada e sincronizada em todas as linguagens utilizadas em suas apresentações: a verbal, a paraverbal, a corporal e a visual, de forma que elas se complementem, se reforcem e se integrem para um aprendizado eficaz, que resulte efetivamente em uma mobilização.

Algumas dicas práticas para evitar a atenção dividida de sua plateia

1. **Elimine ou minimize as origens de distração externa que possam desviar a atenção da plateia de sua apresentação**: feche portas e janelas, tente manter os telefones celulares desligados (tenha sensibilidade ao solicitar isso, pois podemos ter, na plateia, médicos esperando informações importantes), verifique a iluminação, o som, a temperatura, a ventilação, a disposição do púlpito ou do palco, se houver, bem como a limpeza do ambiente, a presença de ruídos, odores ou objetos e a circulação inapropriada de pessoas. Já se lembrou de checar tudo isso antes de iniciar uma apresentação? Você há de concordar que qualquer uma dessas coisas pode atrapalhar a concentração de sua plateia em algum momento.
2. **Tente controlar ou reduzir as origens de distração interna que possam dispersar a atenção da plateia de sua apresentação**: verifique a motivação, o interesse, o humor, o estado emocional e o nível de energia momentâneos de sua plateia que possam influenciar na sua apresentação. Algum acontecimento muito recente pode ter afetado a todos que vão lhe assistir e um gerenciamento rápido, talvez bem-humorado e, principalmente, empático, de sua parte pode fazer a diferença no engajamento de seu público.
3. **Use recursos que ajudem sua plateia a focar a atenção em sua apresentação, ou seja, que possam orientar a atenção, direcioná-la e guiá-la**:

use gestos, movimentos, olhares, sinais, marcadores, cores e formas que destaquem o que você quer que sua plateia retenha com prioridade. Use perguntas, interações e *feedbacks* que envolvam os pontos determinados como merecedores de maior atenção.

SUBCAPÍTULO 2.3

Memorizar antes de aprender: os mecanismos de desenvolvimento da memória e os meios de aplicá-los

A memória é o segundo requisito fundamental para que o aprendizado ocorra. Se sua plateia não se lembra do que você diz, não importa quão atenta, interessada ou envolvida esteja, ela não vai ser capaz de aplicar seu conteúdo, compartilhá-lo ou aprofundá-lo. Por isso, você precisa facilitar a memorização da plateia durante sua apresentação e depois dela, reforçando a recuperação do conteúdo em momentos posteriores, mas como fazer isso em um mundo cheio de informações, dados e estímulos competidores?

A resposta está em entender como o cérebro humano memoriza e em usar algumas estratégias para aproveitar seus mecanismos e suas preferências. O cérebro humano é um órgão seletivo, que evoluiu para armazenar e recuperar as informações que são relevantes, significativas e emocionais para nossa sobrevivência e para nosso bem-estar. Por isso, ele desenvolveu um sistema de memória que é dividido em três etapas: a codificação, a consolidação e a recuperação.

A **codificação** é o processo pelo qual as informações são captadas por nossos sentidos, transformadas em sinais elétricos ou químicos e enviadas para nosso cérebro. A **consolidação** é o processo pelo qual as informações são processadas, organizadas, associadas e armazenadas em diferentes áreas do córtex cerebral. Por fim, a **recuperação** é o processo pelo qual as informações são acessadas, reconhecidas, reconstruídas e trazidas de volta à consciência.

Para facilitar a memorização da plateia, você precisa usar as três etapas do sistema de memória: a codificação, a consolidação e a recuperação. Você precisa apresentar seu conteúdo de forma que ele seja codificado pelos sentidos da plateia, seja processado e retido em sua memória de curto prazo e seja transferido para sua memória de longo prazo, sendo lá armazenado. Você precisa apresentar seu conteúdo de forma que ele seja simples, relevante, significativo e, sobretudo, emocional para a sua plateia. Por que "emocional"? Uma estrutura anatômica fundamental para a formação de memória é o hipocampo, aquela mesma "câmera" que precisa ser resetada de tempos em tempos com estímulos diferentes, que precisa de um descanso de poucos instantes para se "descarregar" durante um *quiz* ou uma pequena interação com a plateia.

O hipocampo inicia todo o processo de formação de memória de longo prazo a partir dos diferentes estímulos que recebe. Tal qual uma câmera ligada durante seu momento de atenção, ele possui vários botões "*record*" ligados a ele. Um deles é a amídala cerebral, que reage às emoções e está funcionalmente relacionada ao hipocampo. Por isso, elementos emocionais são importantíssimos para a formação da memória de longo prazo. Não à toa, o hipocampo está localizado no sistema límbico, funcionalmente relacionado às emoções. É por isso que você muito provavelmente se lembra onde estava e o que estava fazendo quando soube dos ataques terroristas às Torres Gêmeas em 2001, há mais de 20 anos atrás, mas não lembra o que vestiu para ir a um dia comum de trabalho – ou havia alguma emoção especial nisso?

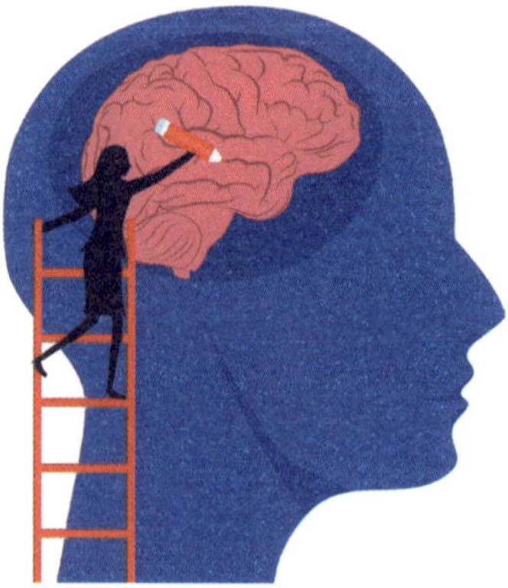

Fonte: Banco de imagens – iStock.

Algumas dicas práticas para facilitar a memorização de sua plateia

1. **Seu conteúdo precisa ser codificado pelos diferentes sentidos da plateia, ou seja, percebido pela visão, pela audição, e se for caso, até pelo tato, pelo olfato e pelo paladar**: use recursos que estimulem os diferentes canais sensoriais da plateia, como imagens, sons, texturas, aromas e sabores que possam enriquecer, diversificar e intensificar sua apresentação. No entanto, lembre-se do que foi discutido anteriormente sobre a atenção dividida. Não deixe um *slide* cheio de informações dos mais variados tipos aos olhos de sua plateia enquanto você está falando alguma coisa importante. Tenha a certeza de que alguma informação (visual ou verbal) será perdida.
2. **Os dados apresentados serão primeiramente armazenados na memória de curto prazo e retidos por alguns segundos ou minutos, permitindo a realização de tarefas cognitivas que exigem atenção, concentração, raciocínio e manipulação mental**: a memória de curto prazo tem uma capacidade menor e é suscetível a interferências e distrações.

   O córtex pré-frontal é o responsável pelo controle executivo e pela manutenção da informação relevante que está na memória de curto prazo. Use recursos que ajudem sua plateia a organizar, associar e repetir as informações de que você quer que ela se lembre, como categorias, agrupamentos, analogias, metáforas, rimas, acrônimos, mnemônicos e músicas que possam facilitar, simplificar e reforçar sua apresentação.
3. **O mais importante, ao final, é que seu conteúdo seja transferido para a memória de longo prazo, armazenado e recuperado por horas, dias, meses ou anos**: use recursos que ajudem sua plateia a criar conexões, significados e emoções com as informações de que você quer que ela se lembre, como histórias,

casos, exemplos, testemunhos, dados, fatos ou evidências que possam contextualizar, humanizar e transmitir emoção em sua apresentação. Procure ancorar novos conhecimentos a outros já consolidados na memória da plateia. Tente ensinar algo novo partindo de algo que ela sabidamente já conheça. Guiar sua plateia por meio de uma interação programada e bem realizada até uma conclusão, a partir de um conhecimento preexistente, é um dos mais poderosos mecanismos de formação de memória de longo prazo.

SUBCAPÍTULO 2.4

Comunicar dados não é chamar para ação: motivando uma pessoa a se mobilizar após uma apresentação

A mobilização é o terceiro requisito para que sua apresentação seja bem-sucedida. A ciência não é algo para se observar de fora; ela requer envolvimento direto. Quando você finaliza sua apresentação sem uma chamada objetiva para a ação, está desperdiçando uma oportunidade única de transformar conhecimento em prática. Se sua plateia não se mobiliza após a apresentação, não importa quão atenta, interessada ou envolvida esteja, ela não vai ser capaz de aplicar seu conteúdo, compartilhá-lo ou aprofundá-lo. Por isso, você precisa motivar a mobilização da sua plateia, durante e após sua apresentação, estimulando a ação de seu conteúdo em momentos posteriores, mas como fazer isso em um mundo cheio de opções, obstáculos e resistências?

É necessário entender como o cérebro humano se mobiliza e usar algumas estratégias para aproveitar seus mecanismos e suas preferências. O cérebro humano é um órgão social, que evoluiu para se relacionar e para cooperar com outros seres humanos, para buscar recompensas e evitar punições, para satisfazer suas necessidades e seus desejos. Por isso, ele desenvolveu um sistema de mobilização que se baseia em três fatores: a direção, a intensidade e a persistência.

A **direção** é o fator que determina o objetivo, o propósito ou a razão da mobilização. A **intensidade** é o fator que determina o esforço, a energia e a vontade da mobilização. A **persistência** é o fator que determina a duração, a continuidade e a resistência da mobilização.

Para motivar a mobilização de sua plateia, você precisa usar invariavelmente esses três fatores do sistema de mobilização. Apresente seu conteúdo de forma que ele seja direcionado a um objetivo claro, específico e relevante para sua plateia. Ele deve ser intenso e gerar esforço, energia e vontade. Você precisa apresentar seu conteúdo de forma que ele seja persistente, ou seja, que dure, continue e resista em sua plateia.

Algumas dicas práticas para ativar a mobilização de sua plateia

1. **Resumir os dados de um estudo no *slide* final, por mais impressionantes que sejam, não é convidar para agir, tampouco é uma "conclusão" da apresentação**: não conte com esse resumo para ter a certeza de que sua plateia sairá da sala para buscar o objetivo determinado em sua apresentação. Conclusão é dizer, por exemplo, que uma tecnologia nova deveria ser considerada ou rejeitada, que o estudo tem limitações ou que não podemos tirar conclusões nesse momento. Basta ver como são as conclusões dos bons artigos científicos.
2. **Sua plateia precisa entender quais são o benefício**: o valor e o impacto de alcançar um objetivo e quais são o custo, o risco ou a perda de não alcançar esse mesmo objetivo: o cérebro geralmente reage mais a uma possibilidade de perder algo importante do que à de ganhar algo. O cérebro precisa detectar a possiblidade de recompensas, incentivos e reconhecimentos.
3. **Sua plateia precisa ter ciência de que ela é capaz, tem os recursos, as habilidades e as competências para alcançar seu objetivo, bem como de que ela tem seu apoio, sua ajuda e sua orientação**: é importante que ela reconheça sua autoeficácia e sua resiliência, ou seja, que fortaleça sua confiança, sua autoestima e sua autoimagem, que supere obstáculos, dificuldades e adversidades.
4. **Mostre à plateia que ela tem um propósito, um sentido ou uma razão para alcançar seu objetivo e que ela tem um compromisso, uma responsabilidade ou uma missão**.

CAPÍTULO 3

Construindo a apresentação 3M (magnética, memorável e mobilizadora) por meio de sua oratória e de seus *slides*

Certifique-se de ter terminado de falar antes que sua audiência tenha terminado de ouvir.

Dorothy Sarnoff

Neste capítulo, você vai aprender como usar sua voz, seu corpo e seus *slides* para construir uma apresentação 3M, que seja magnética, memorável e mobilizadora. Sua voz, seu corpo e seus *slides* são ferramentas poderosas para transmitir sua mensagem, para expressar sua personalidade, para gerar confiança, criar conexão e estimular à ação. Todos esses elementos de comunicação devem estar alinhados, sincronizados e harmonizados com seu conteúdo, com seu objetivo e com sua plateia, para despertar a atenção e mantê-la, para facilitar a memorização e para motivar uma mobilização.

SUBCAPÍTULO 3.1

Despertando a atenção de sua plateia e mantendo-a atenta na prática: o uso dos gatilhos mentais

Os gatilhos mentais são estímulos que ativam o sistema de atenção orientado do cérebro, que é responsável por direcionar a nossa atenção aos estímulos que são novos, diferentes, surpreendentes ou ameaçadores. São formas de quebrar os padrões mentais da plateia, de sair do óbvio, do esperado e do habitual, gerando curiosidade, interesse, surpresa ou desafio. Os gatilhos mentais são técnicas que você pode usar na voz, no corpo e nos *slides*, para captar a atenção da plateia e mantê-la. Alguns exemplos de gatilhos mentais, bem como de suas funções, suas características e de quando os aplicar são apresentados no **Quadro 3.1**. Com relação aos momentos sugeridos para aplicá-los, tenha em mente que eles não são definitivos e que sua sensibilidade durante a apresentação, juntamente com o enredo de sua exposição, determinará quando deverão ser aplicados.

Fonte: Banco de imagens – iStock.

Quadro 3.1. Gatilhos mentais, funções, características e momentos sugeridos para aplicação

Tipo de gatilho	Função	Característica	Momento sugerido para aplicação
Escassez	Estimular o senso de urgência e a tomada de decisão da plateia	Mostrar que algo é limitado, raro ou exclusivo	No final da apresentação, quando se quer fazer uma oferta ou aumentar uma prática
Autoridade	Aumentar a credibilidade e a confiança da plateia	Demonstrar conhecimento, experiência no assunto	No início da apresentação, quando se quer estabelecer uma conexão e uma reputação
Reciprocidade	Gerar gratidão e simpatia da plateia	Oferecer algo valioso, útil ou relevante para a plateia	Durante a apresentação, quando se quer agregar valor e criar um vínculo
Prova social	Influenciar o comportamento e a opinião da plateia	Mostrar que outras pessoas ou outros sistemas já aprovaram, recomendaram ou se beneficiaram do que está sendo apresentado	Durante a apresentação, quando se quer reforçar uma ideia ou uma proposta
Antecipação	Despertar a curiosidade e o interesse da plateia	Revelar parte de uma informação ou de uma novidade, deixando o restante para depois	Durante a apresentação, quando se quer manter a atenção e a expectativa
Histórias	Despertar a atenção e o interesse da plateia, mantendo-a atenta	Criar identidade e vínculo emocional entre o tema e a plateia	Durante a apresentação, quando se quer manter a atenção e reforçar a memorização

Comece sua apresentação com um "gancho", uma frase ou uma pergunta que chame a atenção da plateia e que desperte o interesse pelo tema. Use histórias, casos, exemplos, metáforas, analogias, estatísticas, fatos, citações, imagens impactantes (podem ser "fofas"), vídeos, sons ou quaisquer outros recursos que sejam novos, diferentes, surpreendentes ou desafiadores para sua plateia e que, obviamente, estejam relacionados com o conteúdo.

Sabe aquela estatística alarmante sobre o número de internações por uma doença que pode ser evitada com a nova tecnologia que você está apresentando e que você

informaria lá na frente durante sua apresentação? Traga essa informação para a abertura!

Pergunte à plateia se ela sabe a que esse número se refere e, depois, explique-o. Ela vai entender imediatamente que precisa de sua palestra e, com isso, o nível de atenção dela se eleva ao ponto que você precisa. Aliás, perguntas são excelentes ativadoras do cérebro! Se eu perguntasse a você, agora, qual é sua data de nascimento, seu cérebro imediatamente responderia, apesar de essa resposta não chegar até mim.

Durante o decorrer de sua apresentação, as variações de seus recursos visuais, do tom, do volume e do ritmo de sua voz, de seu movimento, de seu entusiasmo, de sua emoção, de sua linguagem, de seu grau de formalidade ou de seu tipo de interação também funcionam, na prática, como gatilhos mentais. Quando você for dar aquela informação importante em sua apresentação, experimente fazer uma pausa antes de falar a informação e fale mais devagar, também.

Observe as reações de sua plateia antes e depois. Você não só chama a atenção da plateia, mas também ajuda a criar um senso de maior dimensão, de importância dessa informação. As pausas também são importantes após uma informação nova ou desafiadora, para melhor assimilação da plateia e, quem sabe, para despertar uma interação com ela.

SUBCAPÍTULO 3.2

Facilitando a memorização da apresentação: como falar e como mostrar dados

Para facilitar a memorização da apresentação, você precisa usar técnicas que ajudem sua plateia a codificar, consolidar e recuperar as informações de que você quer que ela se lembre. Essas técnicas envolvem a forma como você fala e a forma como você mostra seus dados.

Em seu célebre experimento da década de 1970, o Dr. Edgard Dale demonstrou que uma pessoa que recebe uma aula ouvindo e vendo informações (metodologias passivas) seria capaz de reter 50% dos ensinamentos dessa aula após duas semanas – e, naquela época, não existiam os *softwares* de apresentações! Vamos voltar a esse assunto no Capítulo 4 e desafiar um pouco esse conceito.

Por ora, concordemos com o seguinte: uma aula com linguagem verbal (oratória) associada à linguagem visual (*slides*, vídeos etc.) terá, se bem executada, maior chance de ser memorizada. Você precisa falar e mostrar seus dados de forma que eles sejam captados pelos sentidos da plateia, processados e retidos em sua memória de curto prazo, depois transferidos e armazenados em sua memória de longo prazo. **Você precisa falar e mostrar seus dados de forma que eles sejam simples, claros, relevantes, significativos e emocionais para a plateia.**

Algumas dicas práticas para você facilitar a memorização de sua plateia

1. **Fale seus dados de forma que eles sejam compreensíveis, acessíveis e interessantes para sua plateia**: evite usar jargões, siglas e termos técnicos que possam confundir quem está assistindo à sua apresentação, intimidar sua plateia ou entediá-la. **Explique**

seus dados com exemplos, histórias, metáforas ou analogias que possam ilustrar seus dados, contextualizá-los, ancorá-los ou humanizá-los.

2. **Mostre seus dados de forma que eles sejam visuais, gráficos e ilustrativos para sua plateia**: evite usar tabelas complexas, números e textos que possam sobrecarregar sua plateia, dispersá-la ou cansá-la. Represente seus dados com imagens, cores, formas e símbolos que possam destacar seus dados, compará-los e contrastá-los. Nada impede que uma tabela complexa original de um livro ou de um artigo científico seja transformada num infográfico que facilita muito mais a compreensão e a memorização pela plateia.
3. **Fale e mostre seus dados de forma que eles sejam coerentes, consistentes e alinhados a seu tema e ao objetivo definido**: evite falar uma coisa e mostrar outra, o que pode gerar atenção dividida e confusão. Fale e mostre seus dados de forma que eles se complementem, se reforcem e se integrem.
4. **Evite falar e mostrar dados que sejam irrelevantes, desnecessários ou excessivos e que possam desviar sua plateia, diluir a atenção ou diminuir sua mensagem principal**: isso só vai gerar mais esforço para que sua plateia compreenda a mensagem, sem ganho adicional relevante de aprendizado naquele momento. Fale e mostre os dados essenciais, que sustentem e evidenciem sua mensagem principal. Use o princípio "KISS": *Keep it simple, scientist*!
5. **Os dados que você mostra devem ser emocionais, impactantes e memoráveis**: evite falar e mostrar dados que sejam frios, impessoais ou abstratos e que possam desinteressar sua plateia, desmotivá-la ou desmobilizá-la. Estamos nos comunicando com seres humanos e não podemos nos esquecer disso. O caso de um paciente pode não ser uma evidência científica e, por isso, muitos apresentadores rechaçam um relato

de caso durante uma apresentação. Porém, ele pode ser um elemento de ligação emocional esplêndido entre seu tema e a plateia. Pense nisso – ou, melhor, **use isso!**

6. **Procure ancorar novos conhecimentos a outros já consolidados na memória da sua plateia**: tente ensinar algo novo partindo de algo que ela supostamente já conheça. Guiar sua plateia por uma interação programada e bem realizada até uma conclusão, a partir de um conhecimento preexistente, é um dos mais poderosos mecanismos de formação de memória de longo prazo.
7. **Tenha seu "refrão", que nada mais é do que seu conjunto de mensagens primordiais**: faça um exercício mental rápido – de quantos refrões de música você se lembra e de quantas letras inteiras de canções você se lembra? Você não terá uma resposta precisa para essa pergunta, mas facilmente terá a certeza de que se lembra muito mais de refrões do que de letras inteiras. Tenha certeza disso: lembramos mais do que ouvimos primeiro, do que ouvimos por último, do que ouvimos mais vezes e do que ouvimos com emoção. Tenha seu "refrão" e utilize-o do início ao final de sua apresentação, com repetição e com emoção.

CAPÍTULO 4

Vamos falar um pouco mais sobre *slides*?

Simplicidade é a sofisticação suprema.

Leonardo da Vinci

Criar *slides* e usá-los de forma eficaz, eficiente e atraente é um desafio necessário. Seus *slides* são um recurso visual que complementa sua apresentação, que reforça sua mensagem e que facilita o entendimento e a memorização da sua plateia. Para serem eficazes e atraentes, seus *slides* devem seguir alguns princípios de *design*, de comunicação e de neurociência, que podem torná-los mais objetivos, mais simples e, na maioria das vezes, mais bonitos. Você vai descobrir, agora, como evitar os erros mais comuns, que comprometem a qualidade de seus *slides*, como o excesso de informação, a falta de contraste, a poluição visual, a baixa resolução e a animação desnecessária.

SUBCAPÍTULO 4.1

"*Death by* PowerPoint": como evitar

O PowerPoint é um dos programas mais usados para criar *slides* e exibi-los em apresentações. Ele é uma ferramenta poderosa e, de longe, ainda é a mais utilizada entre várias outras (p. ex., Keynote, Prezi, Canva e Miro), pois oferece inúmeras possibilidades de recursos visuais, como imagens, gráficos, tabelas, diagramas, ícones, vídeos, sons, animações e transições, que podem enriquecer sua apresentação em termos de efetividade.

No entanto, um *software* de recurso visual também pode ser uma armadilha que prejudica e compromete sua apresentação, se usado de forma inadequada, excessiva ou desnecessária. É o que se chama de "*death by* PowerPoint", ou seja, a morte de sua apresentação pelo uso incorreto do *software* de recurso visual, o que derruba o resultado do estudo de Dale citado anteriormente e, em duas semanas, faz com que a plateia se lembre mais de quão confusa foi a palestra em que elementos verbais e visuais não se integravam.

Para evitar a "*death by* PowerPoint" ou "*by* qualquer outro *software*", você precisa usar os recursos visuais de forma consciente, criteriosa e criativa, aproveitando-os como um complemento da apresentação, não como um roteiro, um documento ou um substituto. Um *software* de recurso visual deve elucidar sua mensagem e reforçá-la, não a obscurecer, a diluir ou a contradizer. Ou seja, esse *software* jamais pode se tornar mais um elemento de distração da plateia.

Fonte: Banco de imagens – iStock.

Algumas dicas práticas para você evitar a "*death by* PowerPoint"

1. **Use o *software* de apresentações somente se ele for agregar valor e melhorar sua apresentação**: não o use por obrigação, por convenção ou por imitação. Nós já comentamos que o recurso visual aumenta a atenção, a memorização e a mobilização da plateia, mas, se você nunca utilizou qualquer um desses *softwares* e resolve aprender a usá-los de um dia para o outro para criar *slides* para uma apresentação, talvez seja melhor não o fazer.
2. **Aplique moderação, equilíbrio e bom senso, sem exageros ou excessos, principalmente de informações e, sobretudo, de texto**: a plateia gastará tempo e energia identificando (o que é cada elemento complexo mostrado) e estará totalmente desconectada do que você falará. Se for relatar o caso de um paciente, por exemplo, não precisa escrever

"Em 1983, o paciente iniciou um quadro de dispneia aos grandes esforços, tendo sido tratado como asma, mas sem sucesso". Basta escrever "1983 – Dispneia aos grandes esforços – Tratado como asma, sem sucesso". Construa uma linha de tempo, em um só *slide*, se possível, destacando os principais pontos na evolução do paciente ao longo do desenvolvimento do quadro clínico. Lembre-se de que você, o apresentador, estará "junto aos slides" para fazer a descrição maravilhosa do caso com sua oratória. Se você escrever tudo, passará à plateia a impressão de que você está lendo o *slide* – e, se ela tiver essa certeza, pode acreditar que vai ler o *slide* mais rápido do que você é capaz de falar e, depois, vai olhar um *e-mail* que recebeu no telefone celular.

3. **Não abra mão da criatividade, da originalidade e da personalidade**: não use o *slide* com clichês, jargões, padrões ou cópias que todos já estão cansados de ver. Os *slides* não precisam ser iguais em termos de *layout* durante toda uma apresentação, sem graça e sem vida. Não use *slides* que não reflitam seu estilo, seu propósito e seu conteúdo.

SUBCAPÍTULO 4.2

Layouts eficazes para entendimento e memorização

O *layout* é a forma como você organiza os elementos visuais em seus *slides*, como o texto, as imagens, os gráficos, os ícones, os vídeos, os sons, as cores, as formas e os símbolos. O *layout* é um aspecto importante para a qualidade de seus *slides*, pois influencia a forma como sua plateia percebe as informações que você apresenta, o modo como as processa e como se lembra delas. Um *layout* eficaz é aquele que facilita o entendimento e a memorização da plateia, seguindo alguns princípios de *design*, de comunicação e de neurociência, que podem tornar seus *slides* mais objetivos, mais simples e, na maioria das vezes, mais bonitos. No entanto, lembre-se de que os tornar bonitos não é o objetivo principal. A maioria das agências de publicidade pode facilmente fazer isso para você, mas manterá erros cruciais, que dificultam o objetivo principal do *slide*: facilitar o aprendizado da plateia.

Aliás, esse foi um dos motivos que me levaram a aprofundar minhas habilidades nos *softwares* de apresentações: eu nunca conseguia o resultado desejado sem muito esforço de minha parte e muito desperdício de tempo, pois quem fazia o trabalho nos *slides* não compreendia os conceitos científicos que eu queria comunicar e como eu queria comunicá-los. Infelizmente, essa é a realidade da maioria das empresas que se propõem a melhorar seus *slides*. Elas realizam um trabalho excelente, mas para apresentações executivas, motivacionais etc.

Além das agências de publicidade, hoje há opções de inúmeros bancos de *slides*, gratuitos ou não, em que vários *layouts* editáveis são disponibilizados com gráficos, caixas de textos, fluxogramas etc. Não é nenhum pecado utilizá-los quando a questão principal for ganhar tempo, mas lembre-se de que dificilmente eles estarão prontos para sua palestra, necessitando ainda, portanto, de edições. Muitos cientistas constroem *slides* a partir de seus conceitos de "*slide* perfeito". Você já deve ter visto (ou mesmo feito) um: aquele mesmo, cheio de tabelas, gráficos e esquemas intrincados, cheio de texto para reforçar a mensagem etc. É o "mais é melhor", em sua mais plena expressão. Na verdade, porém, de perfeito em *slides* desse tipo só há o desastre que ele causa.

Algumas dicas práticas para você criar *layouts* eficazes para seus *slides*

1. Um *slide* com *layout* adequado contém cinco elementos básicos, que podem ser definidos pelo acrônimo **HARDS**.

    a. **H = Hierarquia**: as informações principais devem estar mais destacadas ou ser apresentadas primeiro. Relembremos, aqui, o célebre e triste caso do acidente do ônibus espacial Columbia, em 2003. Ao se depararem com o problema da exposição da fuselagem da aeronave, por placas de cobertura terem se soltado, os engenheiros da NASA solicitaram um relatório aos responsáveis, que o apresentaram com a utilização do PowerPoint. Na apresentação, a informação mais importante para a tomada de decisão estava em letras miúdas ao final do *slide*. Nessa situação, o termo "*death by* PowerPoint" pode ter tido seu significado mais drasticamente correto. Lembre-se: nem sempre o título é a informação mais importante e, portanto, nem sempre ele deve ter o maior tamanho de fonte ou estar presente em um *slide*.

    b. **A = Alinhamento**: consiste em alinhar os elementos visuais de forma que eles criem linhas imaginárias que os conectem e criem uma sensação de ordem, de harmonia, de coerência. Isso ajuda sua plateia a perceber a estrutura, a hierarquia, a direção das informações, facilitando a leitura e a atenção.

c. **R = Respiro**: deixe espaços entre as margens e os elementos dos *slides*. Aproveite o conceito de "área negativa" para criar um *slide* harmonioso e sem aspecto visualmente poluído. Deixe que cada elemento do slide "respire", sem lutar pela atenção da sua plateia.

d. **D = Distribuição**: distribua os elementos também de maneira harmônica dentro do *slide*. Aplique o conceito da proximidade, que consiste em agrupar os elementos visuais que têm relação entre si e separar os elementos visuais que não têm relação entre si. Isso ajuda a sua plateia a organizar as informações em categorias e a identificar as relações entre elas, facilitando a compreensão e a memorização.

e. **S = Sincronia**: um *slide* deve mostrar o que você está falando naquele momento, ou seja, o que você fala e o que você mostra devem estar sincronizados. Vamos comentar mais sobre isso à frente, quando falarmos sobre animações e transições. Se você projeta um *slide* em que a maioria das informações não corresponde à mensagem, mas você quer aproveitar somente um ponto específico daquele *slide* "Frankenstein", que você tinha de outra apresentação, para transmitir seu conceito, pode ter certeza: esse *slide* está mais atrapalhando do que ajudando.

2. **Conforme indicado anteriormente, use o princípio do contraste, que consiste em criar diferenças visuais entre os elementos sob o ponto de vista de importância, como o tamanho, a forma, a cor, a fonte, a orientação e a posição**: crie uma sensação de destaque, de ênfase. Isso ajuda sua plateia a

diferenciar, a comparar, a contrastar as informações, a facilitar o reconhecimento e a lembrança dos pontos principais.

3. **Use, também, o princípio da repetição, que consiste em repetir os elementos visuais (imagens ou textos) que têm a mesma função, o mesmo significado, a mesma mensagem, criando uma sensação de consistência, de continuidade e de identidade visual**: ajude sua plateia a associar as informações, a integrá-las e a reforçá-las, facilitando suas recuperações e suas aplicações.

SUBCAPÍTULO 4.3

Cores, fontes, imagens e animações fazem diferença?

Cores, fontes, imagens e animações são elementos visuais que podem fazer muita diferença em seus *slides*, se usados de forma adequada, equilibrada e criativa. **Esses elementos podem enriquecer sua apresentação e reforçar sua mensagem, facilitando o entendimento e a memorização de sua plateia**. No entanto, eles também podem prejudicar sua apresentação e comprometê-la, se usados de forma inadequada, excessiva ou desnecessária, prejudicando a qualidade dos *slides*, obscurecendo sua mensagem e dificultando o entendimento e a memorização da plateia.

Algumas dicas práticas para você usar cores, fontes, imagens e animações de maneira que tornem seus *slides* mais efetivos

1. **Use as cores de forma que elas transmitam sua personalidade, seu propósito, seu conteúdo ou sua imagem corporativa (que já deve ter sido construída com uma paleta de cores estudadas)**: escolha as cores que combinem com seu estilo, com seu objetivo e com seu tema. Use as cores de forma que criem contraste, destaque e harmonia em seus *slides*. Evite usar cores ou tonalidades exageradas, que possam prejudicar a visibilidade, a legibilidade e a estética. Cada cor desperta aspectos emocionais específicos (**Quadro 4.1**), os quais podem ser estrategicamente utilizados em suas escolhas. Lembre-se de que esses significados se baseiam em estudos da psicologia das cores e podem variar conforme o contexto cultural, mas as cores amarela, laranja e

vermelha, por exemplo, geralmente são utilizadas para sinalizar aspectos importantes e podem ser utilizadas para isso em um texto.

Quadro 4.1. Cores e seus principais significados

Cor	Significado
Branco	Pureza, inocência e simplicidade
Preto	Elegância, formalidade e mistério
Vermelho	Paixão, energia e perigo
Laranja	Alegria, sociabilidade e animação
Amarelo	Otimismo, energia e estímulo
Azul	Harmonia, tranquilidade e serenidade
Roxo	Criatividade, espiritualidade e calmaria
Cinza	Neutralidade, indecisão e sofisticação
Verde	Natureza, crescimento e esperança

Fonte: Banco de imagens – iStock.

2. **A escolha da fonte, em apresentações, é crucial para garantir a legibilidade e a eficácia da comunicação**: fontes serifadas, caracterizadas por traços ou linhas anexados às letras, são tradicionalmente associadas à formalidade e são excelentes para textos impressos ou apresentações que exigem um tom mais sério. Elas facilitam a leitura em documentos longos, pois as serifas ajudam a guiar o olho ao longo das linhas de texto. No entanto, podem ser menos legíveis em resoluções de tela mais baixas. Já as fontes não serifadas são mais limpas e modernas, sem os traços adicionais, tornando-as uma escolha ideal para *slides*, devido à alta legibilidade em *displays* digitais. São perfeitas para títulos e textos curtos, especialmente em apresentações mais informais ou criativas.

   As fontes manuscritas, que simulam a escrita à mão, trazem informalidade e criatividade para a apresentação, mas são mais apropriadas para apresentações com motivos artísticos. Utilize-as em apresentações que envolvam temas como *design*, moda ou eventos informais. Quanto ao tamanho das fontes, geralmente vamos ver fontes maiores para títulos e menores para o corpo do texto, mas, como dito anteriormente, pelo princípio da hierarquia na construção do *slide*, é perfeitamente aceitável que a mensagem principal, aquela que precisa permanecer na mente da plateia, esteja com uma fonte e um contraste maiores do que o título do *slide*, sempre garantindo que o texto possa ser lido facilmente de qualquer ponto da sala.

   O uso de sombras pode ajudar a destacar o texto contra fundos variados, mas deve ser feito com moderação, para evitar distrair o público. Outros recursos, como negrito, itálico e sublinhado, podem ser utilizados para enfatizar pontos importantes, mas o excesso pode tornar a apresentação visualmente cansativa. Não misture muitas fontes: escolha, no máximo, uma fonte para título, outra para o subtítulo e uma terceira para o corpo do texto, mantendo um *design* coeso e profissional. Outra boa solução é usar estilos diferentes de uma mesma família de fontes. Por exemplo, Helvetica Neue Negrito para o título, Helvetica Neue Médio para o subtítulo e Helvetica Neue Leve para o corpo do texto.

Fonte: Banco de imagens – iStock.

3. **Imagens são elementos poderosos em apresentações, capazes de transformar completamente a experiência do público**: elas podem comunicar ideias complexas rapidamente, evocar emoções e criar conexões duradouras. As vantagens do uso de imagens incluem a capacidade de simplificar mensagens, ilustrar pontos abstratos e aumentar o engajamento. Imagens relevantes podem melhorar significativamente a memorização do conteúdo, pois o cérebro humano processa imagens 60.000 vezes mais rápido do que textos.

   No entanto, como nem tudo é perfeito, imagens também podem trazer desvantagens. Imagens irrelevantes, de baixa resolução (aquelas que ficam "borradas" ou que estão pixeladas") ou com marca-d'água do *site* de onde foram extraídas podem exigir esforço da plateia para melhor identificação e causar distração, além de tornarem questionável seu nível de profissionalismo. O excesso de imagens pode sobrecarregar o público, diluindo a mensagem principal.

É primordial que cada imagem tenha um propósito complemente o conteúdo falado. Imagens são fundamentais quando se quer destacar informações cruciais ou quando o conteúdo é demasiadamente complexo para ser descrito apenas verbalmente. Elas ativam diferentes partes do cérebro dentro do próprio córtex visual (lembre-se de que a visão é o único sentido que tem um córtex primário só para ela) e facilitam a consolidação da memória, ao associarem conceitos abstratos a elementos visuais concretos.

Mecanismos neuronais envolvidos incluem o fortalecimento das sinapses e a formação de novas conexões neuronais, o que é essencial para a retenção de informações a longo prazo. Não se esqueça de que gráficos e infográficos também são recursos de imagens e de que cada tipo de gráfico deve ser escolhido adequadamente, de acordo com o tipo de dado a ser mostrado. Seguem algumas sugestões de gráficos a serem utilizados, de acordo com os dados da apresentação:

- **Linhas:** dados de tendência ao longo do tempo. Eles são ideais para mostrar como os dados mudam ao longo de um período, permitindo ao público visualizar tendências ou padrões.
- **Barras:** comparação de dados entre categorias. Eles permitem uma comparação entre grupos ou categorias diferentes, mostrando variações em tamanho ou quantidade.

- **Histogramas:** distribuição de dados. Ajudam a mostrar a frequência de ocorrências dentro de um conjunto de dados, permitindo identificar padrões como normalidade ou assimetria na distribuição.
- **Dispersão (*scatter plots*):** exibição do modo como diferentes conjuntos de dados estão relacionados entre si. São úteis para identificar correlações entre variáveis.
- ***Pizza* ou rosca:** partes de um todo. São apropriados para mostrar como as partes individuais compõem um todo. Eles são ideais para dados proporcionais, permitindo uma visualização rápida da contribuição de cada categoria para o total.
- **Colunas empilhadas:** destaque de como a distribuição das subcategorias varia entre as categorias totais ou comparação do tamanho relativo das subcategorias em relação ao todo. Se houver muitas subcategorias, o gráfico pode ficar confuso e difícil de interpretar. Portanto, é importante escolher um número limitado de subcategorias, bem como usar cores e rótulos para facilitar a leitura.
- **Fluxograma:** dados de fluxo. Podem ser usados para representar etapas em um processo (algoritmo) ou cronogramas de projetos, mostrando a sequência ou o tempo envolvido.

4. **As animações em apresentações PowerPoint podem ser uma ferramenta fundamental para manter a atenção do público e enfatizar pontos-chave:** quando bem utilizadas, elas adicionam um elemento dinâmico, que pode tornar a informação mais memorável. Por exemplo, animações de entrada e saída podem ser eficazes para introduzir novos tópicos ou para sinalizar uma mudança de assunto. Uma das características que torna uma apresentação científica diferente é que nem sempre é possível minimizar a quantidade de informações em um *slide*.

Nesse caso, não mostre tudo de uma vez, pois sua plateia, comprovadamente, é capaz de ler as informações mais rapidamente do que você as explica. Você já deve ter visto uma pessoa conversando com outra na plateia e apontando o *slide* que você está projetando.

Acredite: não importa o que você esteja explicando naquele momento, essas pessoas não estão conectadas com você, mas com o *slide*. Provavelmente, elas chegaram mais rapidamente que você a um ponto que lhes chamou a atenção e estão comentando sobre ele, podendo até estar tirando conclusões precipitadas ou equivocadas. Tenho certeza de que você, professor ou apresentador, já passou por essa situação: ao final da palestra, perguntam sobre um ponto que você tem a certeza de que explicou, mas, pela pergunta feita, é como se não tivesse explicado.

Possivelmente, não é um problema de falta de inteligência da pessoa que perguntou ou uma falta de sua habilidade para explicar, mas, provavelmente, uma falta de sincronismo entre o que elas viam e o que você explicava – ou seja, a atenção dividida comentada anteriormente. As animações podem ajudar muito a mitigar esse problema. Sabe aquele gráfico complexo, que é a chave para a plateia entender como uma nova tecnologia mudou significativamente um cenário e que merece explicações de algumas *nuances*, mas que você não pode separar em mais de um *slide*? Mostre-o progressivamente, por série ou categoria, à medida que você for explicando. Tenha a plateia com você o tempo todo.

Não a deixe se perder tentando identificar quem é quem no gráfico. Para isso, existem as animações de entrada, mas existem animações, também, que podem realçar pontos importantes ou ajudar a explicar mecanismos complexos. *Slides* dinâmicos são, no mínimo, muito mais interessantes que *slides* estáticos. É essencial usar animações criteriosamente, apenas quando acrescentam efetividade à apresentação. A regra geral é que as animações devem servir ao propósito da comunicação, não ao contrário.

Vou dividir com você uma dica que sempre dou em meus treinamentos: faça um mesmo *slide* sobre algum assunto mais complexo em uma versão estática e em uma versão com animação que possivelmente facilitará o entendimento da plateia. Chame uma ou mais pessoas que não entendem nada do assunto e pergunte o que estão entendendo do *slide*. Se, ao verem a versão animada e conseguirem desenvolver qualquer coisa a mais em termos de entendimento em relação à versão estática do *slide*, não hesite em usar a animação proposta. Ela, junto de seu discurso, terá um impacto excelente sobre a plateia em termos de aprendizado.

Observe, a seguir, algumas sugestões de *layouts* mais eficazes de *slides*.

Figura 4.1. Exemplo 1 de *layout* comumente utilizado em apresentações.

PREVENÇÃO

Table 1. Pneumococcal Vaccine Approval Dates, Serotypes, and General Effect on Pneumococcal Disease

Vaccine	FDA Approval	Serotypes Contained in Vaccine	Pneumococcal Disease se Effect From Vaccine Serotypes
PPSV23	June 1983	1, 2, 3, 4, 5, 6B, 7F, 8, 9N, 10A, 11A, 12F, 14, 15B, 17F, 18C, 19A, 19F, 20, 22F, 23F, and 33F	• Reduced invasive disease • No effect on carriage
PCV7	February 2000	4, 6B, 9V, 14, 18C, 19F, and 23F	• Reduced invasive disease • Reduced carriage • Protective herd effect • Increase in 19A infections
PCV13	February 2010	1, 3, 4, 5, 6A, 6B, 7F, 9V, 14, 18C, 19A, 19F, and 23F	• Reduced invasive disease • Reduced carriage • Increase in 35B infections

A review of Pneumococcal Vaccines: Current Polysaccharide Vaccine Recommendation and Future Protein Antigens
Calvin C. Daniels, P. David Rogers and Chasity M. Shelton, Pharm. Pediatr Pharmacol Ther 2016;21(1):27-35.

Fonte: Autoria própria.

Vários fatores diminuem a eficácia desse *slide*. Primeiramente, a tabela está em inglês. Por mais fluente que a plateia seja na língua inglesa, isso vai consumir energia e atenção do cérebro para decodificar a mensagem. Não há qualquer destaque de informações mais importantes nessa tabela, além de as colunas e as linhas estarem muito próximas, com divisão mal percebida entre os textos das células (pouca zona de respiro entre as informações). Provavelmente, a tentativa de aumentar essa tabela tornou a imagem pixelada, dificultando sua visibilidade.

Figura 4.2. Sugestão de *layout* mais eficaz para o exemplo 1.

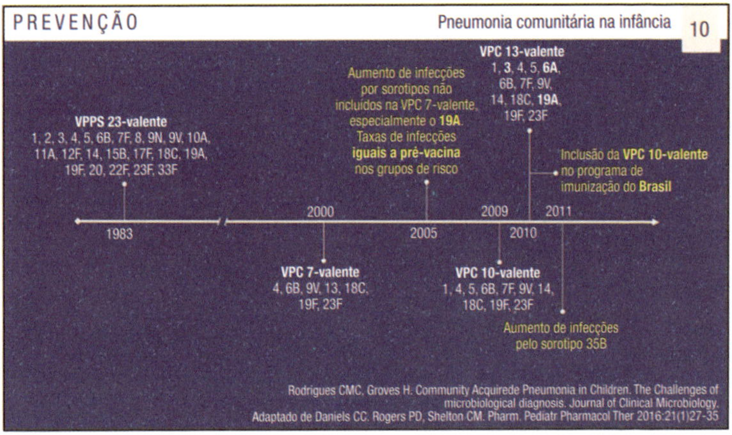

Fonte: Autoria própria.

Foi construída uma linha de tempo, com uma proporção espacial condizente com o tempo decorrido entre cada evento. Nesse caso, dá para perceber melhor que os acontecimentos em relação às vacinas antipneumocócicas ocorreram mais rapidamente após o ano 2000. Foi dado maior contraste aos nomes das vacinas e aos sorotipos incluídos a partir da vacina 7-valente, sendo acrescentados em amarelo acontecimentos relevantes, que não estavam no *slide* anterior. Cada evento foi mostrado e explicado progressivamente no *slide*, por meio de animações de entrada, impedindo que a plateia ficasse lendo o que não estava sendo explicado. Os efeitos das vacinas antipneumocócicas da última coluna da tabela do *slide* original foram passados para outro *slide*, diminuindo a poluição visual, sem prejuízo para a informação. *Slides* de linhas de tempo como esse podem ser muito úteis para uma descrição de evolução de caso, de eventos etc.

Figura 4.3. Exemplo 2 de *layout* comumente utilizado em apresentações.

DADOS DE EFICÁCIA

Morbidade, Mortalidade e Custo de Internação de acordo com cada tratamento avaliado (ensaios clínicos controlados)

	Grupo controle	Grupo tratado	Valor de p
Pacientes com eventos de morbidade durante a internação % (n)			
Tratamento 1	58% (n = 289)	36% (n = 182)	< 0,01
Tratamento 2	47% (n = 465)	28% (n = 279)	< 0,01
Tratamento 3	51% (n = 421)	41% (n = 339)	< 0,05
Mortalidade durante a internação % (n)			
Tratamento 1	37% (n = 184)	11% (n = 56)	< 0,001
Tratamento 2	42% (n = 416)	26% (n = 259)	< 0,01
Tratamento 3	39% (n = 322)	41% (n = 339)	N.S.
Custo total do tratamento por paciente durante a internação (K USD)			
Tratamento 1	28,3	33,2	< 0,05
Tratamento 2	23,8	25,1	N.S.
Tratamento 3	23,4	24,1	N.S.

Fonte: Autoria própria.

Esse é um exemplo fictício, que ocorre, com frequência, quando se extraem tabelas, quadros e imagens de artigos em formato .pdf. Deve-se ter em mente que um recurso visual utilizado em um artigo nem sempre é apropriado para ser utilizado em um *slide*. O apresentador já tem a familiaridade com a tabela e costuma mostrá-la em um tempo adequado para que dê a explicação, o que pode não ser o tempo adequado para a plateia entendê-la. O quadro delimitador em vermelho acrescentado à tabela mostra que o apresentador deseja focar no dado "mortalidade", mas ele não apaga todos os outros dados contidos na tabela, que ainda podem roubar a atenção da plateia caso o apresentador esteja acrescentando dados sobre a mortalidade em seu discurso.

Figura 4.4. Sugestão de *layout* mais eficaz para o exemplo 2.

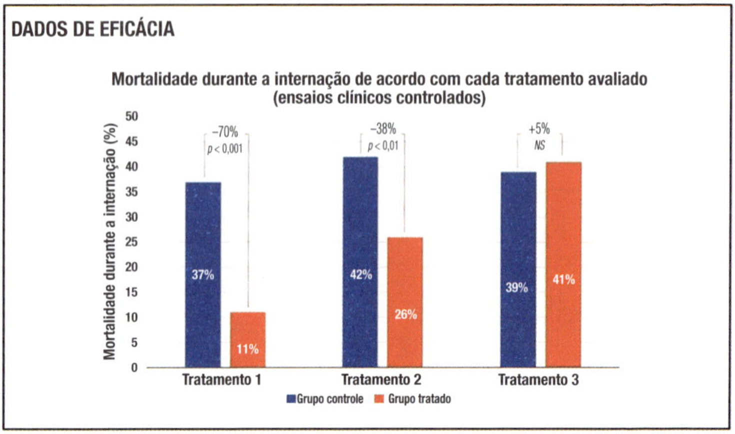

Fonte: Autoria própria.

Nesse caso, foi construído um gráfico somente com os dados de mortalidade, que eram o foco do *slide* original. Note que é mais visual a diferença do efeito sobre a mortalidade para cada tratamento. Além disso, outros elementos que tornam essas diferenças mais visíveis puderam ser acrescentados ao gráfico, como o percentual de redução da mortalidade observado em cada tratamento. O valor da significância estatística também foi integrado visualmente ao gráfico.

A plateia leva menos tempo para ver a mensagem principal com esse recurso gráfico do que com a tabela do *slide* anterior (**Figura 4.3**). Os dados poderiam ser mostrados progressivamente, por categoria ("Tratamento 1", "Tratamento 2" e "Tratamento 3"), usando-se animações de entrada, o que permitiria ao apresentador fazer as devidas considerações sobre o que estava sendo mostrado, sem permitir à plateia continuar lendo os dados das outras categorias. Outros dados poderiam ser incluídos a esse slide sem muita poluição, de maneira visualmente mais impactante, como as diferenças observadas entre os custos totais de tratamento abaixo do título de cada categoria, por exemplo.

Figura 4.5. Exemplo 3 de *layout* comumente utilizado em apresentações.

EPIDEMIAS DE CHIKUNGUNYA NO MUNDO

- 1952: Tanzânia (isolamento do vírus)
- 1953: Tanzânia
- 1956: Sul da África
- 1999: Congo
- 2000: Congo
- 2005: Ilhas Reunião
- 2006: Índia (Dengue e Chikungunya)
- 2007: Itália
- 2009: Índia e Tailândia
- 2011: Congo
- 2012: Serra Leoa e Camboja
- 2013: Micronésia e São Martinho
- 2014: República Dominicana, Guiana Francesa e Brasil

Fonte: Autoria própria

Aqui, vemos uma lista simples dos países acometidos por epidemias de Chikungunya, desde a primeira, que ocorreu na Tanzânia. A ideia do apresentador era mostrar que as epidemias atingiram primeiramente a África, seguindo pela direção oriental, até chegarem às Américas. No entanto, alguns lugares podem não ser bem fixados na memória da plateia e ter essa visão espacial de evolução pode ficar mais difícil. Além disso, caso o apresentador quisesse fazer alguma observação sobre a epidemia em cada país ou em cada episódio, a plateia fatalmente seguiria lendo o *slide* até o final, enquanto ele estivesse falando.

Figura 4.6. Sugestão de *layout* mais eficaz para o exemplo 3.

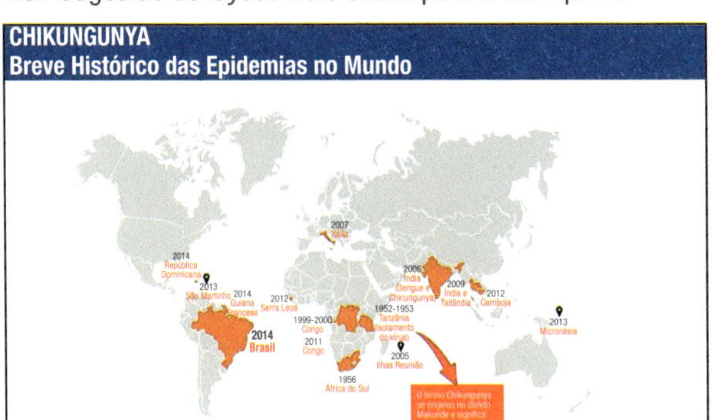

Fonte: Autoria própria.

Esse infográfico poderia ser utilizado no lugar do *slide* de lista anterior (**Figura 4.5**). Se as epidemias fossem mostradas progressivamente, por meio de animações de entrada, em ordem cronológica, possivelmente seria mais fácil constatar, por exemplo, que a Chikungunya ficou por quase 50 anos restrita à África e que só teve uma epidemia na Europa, sendo visualmente evidente a direção oriental das epidemias até atingirem as Américas.

Figura 4.7. Exemplo 4 de *layout* comumente utilizado em apresentações.

DIAGNÓSTICO

TABLE 4 – Sensitivity and Specificity of Tests to Detect Aspiration

Measure	Comparative measure	Sensitivity	Specificity	Refs.
Fiberoptic endoscopic evaluation of swallowing (FEES)	VFSS	70-96% for detecting aspiration in adults	87.5-100% for detecting aspiration in adults	88,89,90-93
Videofluoroscopic Swallow Study (VFSS)	FEES	100% for detecting aspiration in adults	63% for detecting aspiration in adults	88, 94-96
Lipidi-laden macrophage index (LLMI)	Battery of other clinical and imaging exams	69-98.6% for detecting aspiration in infants and children	78-79% for detecting aspiration in infants and children	105-107
Blue dyte test (BDT)	VFSS	38-79% for detecting aspiration in adults	28-100% for detecting aspiration in adults	124, 126-132
Modified Evans blue dy test (MEBDT)	FEES	82-95% for detecting aspiration in adults	38-100% for detecting aspiration in adults	124, 126, 127, 128-132

Tutor JD and Gosa MM. Dysphagia and Aspiration in Children. Pediatr Pulmonology 47:321-337/2012.

Fonte: Autoria própria.

Aqui, vemos mais um exemplo de tabela retirada de artigo científico. Foi mantido o idioma inglês original. O objetivo do apresentador era mostrar a sensibilidade e a especificidade de métodos diagnósticos para broncoaspiração em crianças, mas alguns estudos foram realizados em adultos, conforme informação da faixa etária estudada contida nas informações sobre sensibilidade e especificidade. Há uma coluna com referências que, logicamente, não poderão ser checadas durante a apresentação e, portanto, são absolutamente dispensáveis nesse *slide*. Finalmente, a referência no rodapé está sobreposta a imagens de fundo, dificultando sua leitura.

Figura 4.8. Sugestão de *layout* mais eficaz para o exemplo 4.

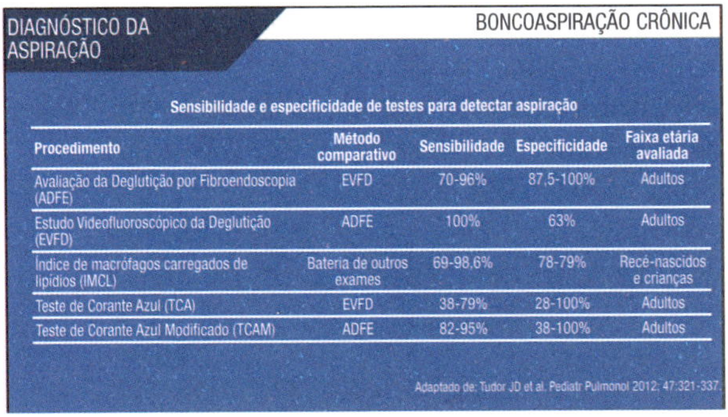

Fonte: Autoria própria.

Aqui, foram feitas a tradução para o português e uma redução sensível das informações em relação ao *slide* original. A coluna de referências foi excluída e foi criada uma coluna para indicar as faixas etárias dos pacientes de cada estudo discutido. Isso possibilitou melhor disposição das colunas, com maior respiro entre elas, e aumento do tamanho das fontes, tornando os dados mais legíveis. Notem que o fundo de cor escura proporcionou um bom contraste para o texto na cor branca. Nesse caso, o apresentador poderia mostrar estudo por estudo e discutir suas nuances através de uma animação de entrada para cada linha da tabela.

Figura 4.9. Exemplo 5 de *layout* comumente utilizado em apresentações.

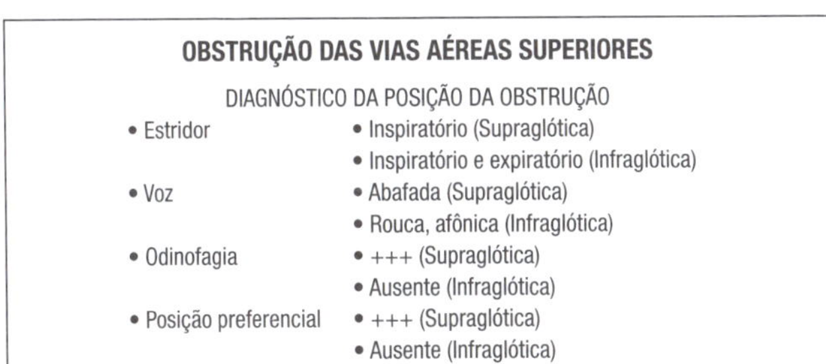

Fonte: Autoria própria.

Esse é um *slide* com duas colunas de listas, com *bullet points*, que estão mal conectadas visualmente para a compreensão do leitor. Além disso, há impressão de que as fontes poderiam ser maiores, para melhor legibilidade. A ideia de correlacionar as características das manifestações clínicas com a posição da obstrução das vias aéreas é válida, mas talvez não tenha sido executada da melhor maneira, do ponto de vista visual.

Figura 4.10. Sugestão de *layout* mais eficaz para o exemplo 5.

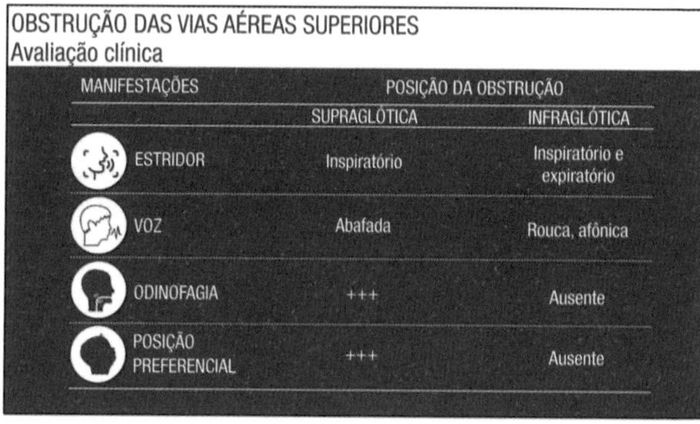

Fonte: Autoria própria.

Nessa sugestão foi construído um quadro com três colunas, separando-se melhor as manifestações clínicas, de acordo a localização da obstrução da via aérea. Os *bullet points* foram substituídos por ícones que remetem a cada manifestação clínica, o que é mais um ponto para a memorização dessas manifestações. As fontes foram aumentadas e houve melhor ocupação do *slide*. Mais uma vez, produziu-se um bom contraste entre as fontes e o fundo escuro do *slide*.

Esses exemplos de slides podem ser aplicados a outras situações e servem, principalmente, para mostrar que podemos fugir do mais comumente utilizado, retirado muitas vezes de outros meios de comunicação científica, e utilizar elementos visuais que facilitam o atingimento dos objetivos da apresentação. Investir um pouco de tempo melhorando a comunicação visual traz resultados facilmente perceptíveis para suas apresentações em termos de retenção de atenção, de facilidade para memorização e de mobilização.

CAPÍTULO 5

Medindo o sucesso de sua apresentação para além dos aplausos

Sem dados, você é apenas mais uma pessoa com uma opinião.

W. Edwards Deming

Você já refletiu sobre como medir o sucesso de sua apresentação para além dos elogios, dos aplausos, dos "parabéns" que recebe? Pergunte-se, sem medo: você conhece alguém de sua habitual plateia que lhe diria "sua apresentação foi tão emocionante quanto ver uma pedra de gelo derreter"?

Você vai entender que o sucesso de sua apresentação depende do alcance do objetivo, da satisfação da plateia e do impacto do conteúdo e que esse sucesso pode ser avaliado de forma quantitativa e qualitativa, de forma objetiva e subjetiva, de forma imediata e posterior. Você deve usar ferramentas e métodos para coletar, analisar e interpretar os dados e as evidências que indicam o sucesso de sua apresentação.

Algumas dicas práticas para você medir o sucesso de sua apresentação

1. **Defina seu objetivo – se possível, de forma SMART, ou seja, *específico, mensurável, atingível, relevante* e *temporal* – e defina indicadores que possam medir o grau de alcance de seu objetivo**: se seu objetivo, por exemplo, for fazer sua plateia passar a adotar adequadamente um novo tratamento, você pode usar indicadores como o número de novas prescrições em seu hospital, o número de prescrições inadequadas, a velocidade de adoção do novo tratamento etc. dentro das perspectivas traçadas.
2. **Conheça sua plateia e use critérios adequados para medir seu grau de satisfação**: se sua plateia é composta basicamente por estudantes, você pode usar um amplo leque de critérios, como o interesse, a atenção, a participação com perguntas, a motivação, a permanência na sala durante toda a apresentação, a diversão, a emoção despertada, ou seja, tudo o que possa indicar se a plateia gostou de sua apresentação.

3. **Acompanhe o grau de impacto de seu conteúdo e use evidências que possam medi-lo**: se seu conteúdo é sobre uma nova tecnologia científica, você pode usar evidências como o número de *downloads* de materiais referentes a essa tecnologia, a quantidade de citações, de referências, de aplicações, de *posts* em redes sociais, de novas reuniões geradas sobre o tema, ou seja, qualquer elemento que possa indicar que seu conteúdo foi útil, relevante, influente e instigante para sua plateia.
4. **Use ferramentas e métodos que possam coletar os dados e as evidências que indicam o sucesso de sua apresentação, analisá-los e interpretá-los**: alguns exemplos são questionários, enquetes, pesquisas, entrevistas e observações, que podem gerar informações confiáveis sobre seu objetivo, sua plateia e seu conteúdo. Você pode usar métodos estatísticos para analisar as informações coletadas, gerando relatórios para interpretá-las, mas tenha cuidado com os questionários de avaliação que realiza, de acordo com as situações em que são aplicados. Imagine que você, palestrante, faça parte do círculo de relacionamento da maioria da plateia. Isso pode ser um grande viés na avaliação final do sucesso de sua apresentação. Perguntas de avaliação como "você gostou da oratória do apresentador" ou "o apresentador falou os dados de maneira clara" etc. podem não refletir o alcance dos objetivos traçados. Nesse caso, não tenha medo de realizar enquetes de bom nível, com perguntas objetivas sobre o assunto abordado na apresentação. Aborde, por exemplo, um caso hipotético relacionado com a nova tecnologia apresentada e veja se as mensagens principais relacionadas aos objetivos traçados especificamente para aquela plateia foram bem absorvidas naquele momento. Procure extrair, também, possíveis barreiras para a não utilização da tecnologia nessa enquete.

CAPÍTULO 6

A preparação de uma apresentação consagradora: da definição dos objetivos ao fechamento da apresentação

Geralmente, levo mais de três semanas para preparar um discurso de improviso.

Mark Twain

Uma apresentação consagradora é o elo entre a visão do apresentador e a ação da plateia. Construí-la requer tanto ciência quanto arte. Quer preparar uma apresentação consagradora, que seja magnética, memorável e mobilizadora? Então, primeiramente, você deve entender que a preparação de uma apresentação envolve três etapas: o planejamento, a produção e a execução. O **planejamento** é a etapa em que você define seu objetivo, conhece sua plateia, estrutura seu conteúdo e escolhe seus recursos. Isso acontece antes de você começar a utilizar um *software* de apresentação. É durante a **produção** que você cria seus *slides*, ensaia sua fala, revisa seu material e ajusta os detalhes. A **execução** não é apenas etapa em que você faz sua apresentação e interage com a plateia, mas também avalia seu desempenho e mede seu sucesso.

Algumas dicas práticas para você preparar uma apresentação consagradora

Planejamento

1. **Defina seu objetivo principal**: seu objetivo deve responder à pergunta "O que você quer que sua plateia faça após a apresentação?".
2. **Conheça sua plateia, ou seja, saiba quem são as pessoas que vão assistir à apresentação, o que fazem, o que querem, o que sabem, de que precisam, o que esperam, o que sentem, o que pensam e como se comunicam**: diferentes gerações esperam comunicações diferentes. Enquanto as pessoas mais velhas valorizam muito a formalidade e um bom *storytelling*, os mais jovens querem ser surpreendidos e buscam muito a comunicação visual, mais direta. A definição de sua plateia deve responder à pergunta "Para quem você vai fazer sua apresentação?".

3. **Estruture seu conteúdo, ou seja, organize as informações, os dados, os fatos, os conceitos, os argumentos, as evidências, as histórias e os exemplos que você vai apresentar para sua plateia**: a definição de seu conteúdo deve responder à pergunta "O que você vai falar em sua apresentação?".
4. **Escolha seus recursos, ou seja, selecione os materiais, as ferramentas, os equipamentos, os dispositivos, os *softwares* ou os aplicativos que você vai usar para fazer sua apresentação**: a definição de seus recursos deve responder à pergunta "Como você vai fazer sua apresentação?".

Fonte: Banco de imagens – iStock.

Produção

1. **Crie os *slides*, que vão complementar sua apresentação**: use o PowerPoint ou outro programa de sua preferência para criar os *slides*. Lembre-se de que eles devem seguir os princípios e as dicas

que foram apresentados no Capítulo 4 deste livro. Nada impede que você utilize *slides* interessantes de outros autores, com suas devidas autorizações, mas certifique-se que eles se encaixam em seu discurso perfeitamente e verifique se são necessárias mudanças e adaptações.

2. **Ensaie sua oratória, ou seja, pratique sua apresentação em voz alta, com seus *slides*, de acordo com o tempo estipulado, adequando o tom, o ritmo, as expressões faciais e os movimentos corporais com seu contato visual, com seu humor e com sua emoção**: sua fala deve seguir os princípios e as dicas que foram apresentados no Capítulo 3 deste livro. Tente ensaiar para alguém, mesmo que não seja uma pessoa especialista ou interessada no assunto. Tenha a certeza de que algum *feedback* construtivo virá, como "você está falando muito rápido", "talvez esse termo não devesse ser usado", "você está gaguejando" etc.). Se não tiver ninguém para observar você no ensaio, faça-o na frente do espelho ou filme-se com um celular ou com outro dispositivo facilmente acessível.

   Você pode utilizar, ainda, ferramentas de inteligência artificial que lhe dão *feedback* sobre vários aspectos de sua oratória, incluindo o ritmo, a clareza, as pausas, a variedade de vocabulário, e oferece a oportunidade de praticar em ambientes virtuais que simulam cenários variados de apresentação, ajudando a aumentar sua confiança. Essas ferramentas de inteligência artificial estão no Apêndice 2 deste livro.

3. **Revise se seu conteúdo, seus *slides* e sua fala estão de acordo com seu objetivo, com sua plateia, com seus recursos, com seu tempo, com seu local e com seu contexto**: seu material deve seguir os princípios e as dicas que foram apresentados no Capítulo 2 deste livro.

4. **Corrija os erros, as falhas, as inconsistências e as incongruências que possam prejudicar a qualidade de sua apresentação**: os detalhes devem seguir os princípios e as dicas que foram apresentados no Capítulo 1 deste livro.

Fonte: Banco de imagens – iStock.

Execução

1. **Execute a sua apresentação de acordo com o exposto neste livro.** Fale com a sua plateia, mostre os seus *slides*, use os seus recursos, transmita a sua mensagem, expresse a sua personalidade e autoridade, gere confiança, crie conexão, e estimule a ação! Reforçando: sua apresentação precisa ser magnética, memorável e mobilizadora.
2. **Interaja com a sua plateia.** Faça e responda perguntas, solicite e forneça *feedbacks*, incentive a participação e a colaboração entre você e a sua plateia e entre os membros da sua plateia. Essa interação pode ir desde a um contato visual até uma discussão programada após uma pequena enquete, que hoje é facilmente realizada por meio de ferramentas específicas e de fácil acesso.

3. **Avalie o seu desempenho.** Reflita sobre os pontos fortes, os pontos fracos, as oportunidades e as ameaças que você identificou na sua apresentação, e que podem ajudá-lo a melhorar as suas próximas apresentações.
4. **Meça o seu sucesso.** Use as ferramentas e os métodos que foram mencionados no capítulo 5 deste livro, para coletar, analisar e interpretar os dados e as evidências que indicam o sucesso da sua apresentação.

Fonte: Banco de imagens – iStock.

CAPÍTULO 7

Apresentações *on-line*: excelentes recursos, quando bem utilizados

> *Seu público tem uma longa lista de coisas que preferia estar fazendo a ouvir você.*
>
> *Alex Merry*

Embora as apresentações, de modo geral, sejam tradicionalmente realizadas de forma presencial, com o contato direto entre o palestrante e a plateia, a opção por apresentações *on-line* foi um importante passo para a democratização de conhecimento. Com a popularização da internet nos anos 1990 e o desenvolvimento de tecnologias digitais para esse propósito, as apresentações *on-line* passaram a contribuir significativamente para a comunicação em suas diversas vertentes. Sem dúvida, no entanto, foi durante a pandemia de covid-19 que elas atingiram seu auge de uso e de desenvolvimento, devido ao distanciamento social necessário para conter a situação. Estima-se que os usuários da plataforma Zoom cresceu de 10 milhões de "participantes de reuniões por dia" para 300 milhões em 4 meses. Não só se disseminava conhecimento sobre a covid-19 nesse período, mas também sobre tudo o que teve de ser inventado ou reinventado a partir dos impactos da pandemia.

Apresentações *on-line* são aquelas que ocorrem em plataformas específicas na internet, permitindo a transmissão de áudio, vídeo e *slides*, bem como a interação com a plateia por meio de *chats*, enquetes e perguntas. Embora as apresentações *on-line* apresentem algumas vantagens em relação às presenciais, como a possibilidade de alcançar um público mais amplo e mas diverso, a redução de custos e de impactos ambientais, a flexibilidade de horários e a variedade de locais, elas também apresentam algumas diferenças, que exigem uma adaptação crucial do palestrante e do público.

- **Ambiente:** em apresentações *on-line*, o palestrante e a plateia estão em ambientes distintos, muitas vezes com distrações e interferências, o que dificulta a captação de elementos como a linguagem corporal, o tom de voz, o contato visual, as reações da própria plateia e a criação de uma atmosfera de envolvimento e empatia.

- **Tempo:** as apresentações *on-line* podem ser síncronas, quando o palestrante e a plateia estão conectados ao mesmo tempo, ou assíncronas, quando o palestrante grava sua apresentação e a plateia pode assistir à gravação posteriormente. Nesse caso, palestrante e plateia podem ter maior flexibilidade de tempo, podendo assistir às apresentações ou gravá-las em momentos diferentes, pausar os vídeos, avançá-los ou retrocedê-los e enviar perguntas ou comentários a qualquer momento.
- **Tecnologia:** nas apresentações *on-line*, o palestrante e plateia dependem quase sempre dos próprios equipamentos, como câmera, fone de ouvido, microfone, computador e internet, além de plataformas específicas, que podem variar em qualidade, funcionalidade e compatibilidade, podendo ser encontradas falhas técnicas ou de conexão.

Essas diferenças implicam alguns desafios para o palestrante e o público nas apresentações *on-line*.

- **Manter a atenção:** a plateia pode se dispersar mais facilmente, devido às distrações do ambiente, à falta de interação ou à exposição inadequada das informações.
- **Estabelecer uma conexão:** a plateia pode se sentir mais distante e isolada, em virtude da ausência de contato físico, da dificuldade de expressar emoções, da falta de *feedback* ou da heterogeneidade da plateia.
- **Resolver problemas técnicos:** tanto o palestrante quanto a plateia podem enfrentar problemas técnicos, como falhas na imagem, no áudio, na internet, na plataforma, entre outros.

É, portanto, ainda mais importante que os apresentadores se preparem adequadamente para esse tipo de comunicação.

Algumas dicas práticas para a realização de apresentações *on-line* de sucesso

1. **Teste as opções de plataformas *on-line* disponíveis**: verifique as funcionalidades, a compatibilidade, a segurança e a confiabilidade da plataforma. Explore-a e familiarize-se com os recursos de áudio, vídeo, *slides*, *chat*, enquetes, perguntas, entre outros. Por vezes, a plataforma utilizada é escolhida por quem dará suporte à apresentação e, portanto, temos de nos adaptar a ela. Se tiver dúvidas sobre as funcionalidades da plataforma, programe um treinamento com antecedência para saná-las.
2. **Escolha um local adequado, que seja silencioso, iluminado, organizado e sem distrações, para fazer sua apresentação**: o local precisa ter uma boa conexão de internet, uma tomada próxima e, de preferência, todos os aparelhos indispensáveis devem estar conectados a um *nobreak*, para o caso de interrupção de energia. Avise às pessoas que também moram nesse ambiente que você fará uma apresentação e peça que não o interrompam.
3. **Siga todas as orientações passadas nos Capítulos 2, 3 e 4 deste livro para sua apresentação *on-line***: dedique-se especialmente ao magnetismo de sua apresentação. A abertura, mais do que nunca, deve convencer sua plateia de que será válido permanecer com você até o final.
4. **Se quiser evitar que os componentes de sua plateia virtual tenham a sensação – para não dizer a certeza – de estar sozinhos, interação é a palavra de ordem nas apresentações *on-line* síncronas**: faça enquetes durante a apresentação, faça perguntas aos participantes, direcionando-as a alguém específico, sempre que possível, programe tarefas simples e curtas, com base na leitura de

documentos compartilhados antecipadamente ou durante a apresentação, por exemplo. Isso trará a sensação de que estão todos participando juntos. Para estabelecer contato visual, que é uma eficiente ferramenta de interação, com todos ao mesmo tempo, fale sempre que possível olhando para a câmera de seu dispositivo. Isso exige treinamento, mas é perfeitamente possível se tornar um hábito.

5. **Envie antecipadamente aos participantes essas mesmas orientações sobre o preparo do ambiente e dos equipamentos, bem como sobre a dinâmica programada para a apresentação**: informe que haverá atividades de interação, pois isso ajuda sua plateia a já chegar mais condicionada para elas.
6. **Aproveite cada experiência para aprender, aprimorar e inovar suas futuras apresentações *on-line*.**

CAPÍTULO 8

Mitos sobre apresentações: a verdade por trás deles

A mente que se abre a uma nova ideia jamais voltará a seu tamanho original.

Albert Einstein

Muitas "dicas" e variados "conceitos" circulam em diferentes fontes de informações sobre apresentações. Vamos abordar algumas delas aqui e apresentar alguns esclarecimentos com base nos conceitos de neurociências do aprendizado ou em tendências atuais.

- **Mito 1:** você deve preparar um *slide* para cada minuto de apresentação previsto.

  Verdade: não há uma regra rígida sobre o número de *slides* a serem colocados em uma apresentação. O importante é que o conteúdo seja transmitido de forma efetiva, independentemente do tempo durante o qual cada *slide* fica na tela. Imaginemos a seguinte situação: você vai fazer uma apresentação em um congresso da maior pesquisa de sua vida daqui a dois dias. Sua apresentação deverá durar, no máximo, 30 minutos, mas você a preparou com 40 slides.

  Hoje, você recebe um *e-mail* da comissão organizadora, informando que cada apresentação pode ter, no máximo, 30 *slides*. O que você e a quase totalidade das pessoas naturalmente fariam após terem essa desagradável surpresa seria condensar o conteúdo visual de 40 *slides* em 30, não subtrair conteúdo da apresentação.

  Embora a quantidade de conteúdo visual pudesse permanecer a mesma depois dessa decisão, a apresentação como um todo se tornaria pior, pois dificilmente seus *slides* não apresentariam problemas de *layout*, como letras pequenas ou muitas informações contidas em cada um, mas a apresentação duraria os mesmos 30 minutos, seja com 30 *slides*, seja com 40 *slides*. O raciocínio contrário também se aplica. Se você dividir o conteúdo visual de 20 *slides* poluídos em 40 *slides* concisos e mais efetivos sob o ponto de vista de aprendizado, sua apresentação terá a mesma duração e, provavelmente, será melhor. **O segredo está no ensaio, durante o qual você deverá chegar**

a uma apresentação fluida, dentro do tempo estipulado para ela, independentemente do número de *slides* que você utilizar.

- **Mito 2**: muitos *slides* ou muitas animações e transições aumentam o tempo da apresentação.

  Verdade: você pode programar o tempo de transição entre *slides* ou animações em sua apresentação. Se você programar o tempo mínimo de transição em 0,1 segundo e acrescentar dez transições, ela aumentará a "enormidade" de 1 segundo da duração total da apresentação. A mesma coisa acontece em relação às animações: se você utilizar várias animações de 0,1 segundo simultaneamente, só contará 0,1 segundo de duração a mais em sua apresentação, neste caso. Convenhamos, 1 segundo a mais você tira facilmente, encurtando algum ponto em seu discurso – e pode ser nos agradecimentos! Mais uma vez, o ensaio adequado fará a diferença e ajudarão você e sua plateia a não sofrer com o tempo da apresentação.

- **Mito 3**: em uma apresentação científica, o que importa é o conteúdo.

  Verdade: o *layout* e a maneira como você apresenta esse conteúdo não só podem impactar o resultado (inspiração para ação), como já explicamos, mas também podem influenciar a percepção do público sobre sua credibilidade e seu profissionalismo. **Portanto, aparência e conteúdo são igualmente importantes**.

- **Mito 4**: os fundos dos *slides* precisam ser brancos ou de tons claros.

  Verdade: não existe uma regra definida sobre a cor de fundo do *slide*, mas algumas observações devem ser feitas. A primeira delas é uma observação fisiológica: quanto mais luz chega a nossos olhos, mais eles se adaptam para enxergar melhor o que está perto. Em ambientes com pouca luminosidade, como costumam ser os auditórios de congressos, por exemplo, a projeção de um *slide* de fundo claro pode criar um contraste grande com o ambiente, o que pode prejudicar a visão de quem está mais longe.

Algumas pessoas relatam o efeito da vista cansada depois de assistirem a palestras com *slides* muito claros. Lembremo-nos de uma sala de cinema: quando sobem os créditos finais de um filme, a projeção está em um fundo claro ou em fundo escuro?

Um *slide* de fundo escuro pode causar uma sensação de maior "imersão" na projeção e uma percepção de maior formalidade da apresentação. Porém, os *slides* de fundo escuro podem ter desvantagens, como a dificuldade de combinação de cores em textos e imagens, limitando as opções de *designs*. Além disso, em um ambiente muito iluminado, onde não se consegue reduzir a iluminação, o contraste entre o fundo e as letras pode se perder significativamente.

Os *slides* de fundo claro permitem uma combinação mais fácil entre fundo e cores. Na verdade, a maiorias dos *templates* corporativos utilizam esse tipo de fundo até mesmo para aplicar melhor suas paletas de cores predefinidas e pela sensação de clareza que podem provocar. Em uma sala menor e bem iluminada, um *slide* de fundo claro também pode ser mais adequado.

Portanto, a escolha entre *slides* de fundo claro ou escuro depende de vários fatores, como o ambiente de projeção, a formalidade da apresentação, as cores corporativas etc. A boa notícia é que você não precisa ter somente *slides* claros ou escuros em sua apresentação: você pode ter os dois tipos de fundo alternadamente, de acordo com o que quer mostrar e o impacto que quer causar. Isso ajuda a tornar a apresentação menos monótona.

- **Mito 5**: não se deve utilizar fotografia como fundo de *slide*.

  Verdade: fotografias de fundo podem ser eficazes se forem impactantes e necessariamente conectadas ao conteúdo de sua apresentação. Lembre-se de que devem ser de boa resolução, para aumentar a nitidez e o profissionalismo de sua apresentação. É fundamental que o texto do *slide* apresente bom contraste com a fotografia de fundo. Se for necessário, utilize recursos que promovam esse contraste, como uma caixa de texto colorida ou uma máscara escura com transparência sobre a fotografia de fundo.
- **Mito 6**: toda apresentação deve ter um *slide* com a agenda do que vai ser discutido.

  Verdade: um *slide* com a agenda é absolutamente dispensável e só consome tempo de sua apresentação. Mais importantes do que uma agenda no início da apresentação são os chamados "*slides* de quebra de seção", que situam a plateia sobre o capítulo ou a seção a que você está se referindo nesse momento, permitindo um encadeamento mais fácil do roteiro apresentado pelo cérebro.
- **Mito 7**: *bullet points* (marcadores) não devem mais ser usados.

  Verdade: os *bullet points* não precisam ser abandonados, sobretudo em apresentações científicas, nas quais um *slide*, frequentemente, precisa ter mais informações do que em outros tipos de apresentações.

  Bullet points são utilizados para melhorar a organização de textos, separando-os em itens de uma lista, por exemplo. Porém, podemos utilizar outros recursos para atingir os mesmos objetivos e melhorar os aspectos de aprendizado. Um ícone que se relacione a uma frase ou a um item da lista pode ser inserido no lugar de um *bullet point*.

Por exemplo, se quiser informar que um medicamento tem metabolismo renal, insira o ícone de um rim antes da frase. Isso será mais um ponto para ajudar na memorização do dado.

Se não tiver tempo para buscar essas imagens ou se elas não estiverem disponíveis, sugiro usar números como marcadores. Eles ajudam a reforçar a quantidade de elementos de uma lista e podem ser um fator facilitador para a recuperação dos dados na memória. Além disso, números podem indicar uma ordem de prioridade em uma lista.

- **Mito 8**: a apresentação científica deve ser estritamente formal.

  Verdade: a apresentação científica não precisa ser aquele monólogo formal. A formalidade excessiva pode criar uma barreira entre o apresentador e a plateia difícil de ser transposta. A ciência é realizada por pessoas e para pessoas. Humanizar a comunicação científica, incorporando histórias, experiências pessoais ou humor relevante, pode tornar o conteúdo mais palatável e memorável. Isso não diminui a seriedade da pesquisa; pelo contrário, enfatiza sua relevância e sua aplicabilidade no mundo real.

  Ao adaptar o tom e o estilo da apresentação à plateia, incorporando elementos humanizadores, o que facilita e promove a interação, podemos ampliar o impacto e a compreensão da ciência. Jargões complexos podem intimidar ou alienar ouvintes que não são especialistas no assunto.

  A comunicação eficaz, especialmente em um contexto científico, requer acessibilidade. Os apresentadores podem e devem tornar suas apresentações mais acessíveis, memoráveis e mobilizadoras. Lembre-se de que o objetivo é compartilhar conhecimento, não desfilar erudição.

- **Mito 9**: mais informações equivalem a melhores decisões.

  Verdade: quanto mais dados forem fornecidos, mais informadas serão as decisões do público, certo? Não necessariamente. O excesso de informações, principalmente se forem passadas de maneira corrida, devido à exiguidade do tempo mal avaliado pelo apresentador, pode sobrecarregar os ouvintes e confundi-los, levando-os à paralisia da análise. As chaves para uma comunicação eficaz são a relevância e a concisão, apresentando-se informações objetivas e diretas, que direcionem para a ação desejada.

CAPÍTULO 9

A inteligência artificial como aliada em suas apresentações

A inteligência artificial é uma ferramenta, não uma ameaça.

Rodney Brooks

A inteligência artificial (IA) é uma força avassaladora que está atuando em praticamente todos os aspectos de nossas vidas e, logicamente, já está impactando a forma como criamos apresentações científicas. Imagine ter um assistente tecnológico que não só entende de ciência, mas também sabe como a apresentar de maneira mais eficiente.

Em termos simples, a IA é alimentada com toneladas de dados, usa algoritmos para processá-los, aprender com eles e, eventualmente, tomar decisões ou realizar tarefas de forma autônoma. Essencialmente, ela observa padrões, faz conexões e aplica o que aprendeu em situações novas. O resultado é como se um supercomputador aprendesse a pensar como um humano, mas sem as pausas para o café. E o melhor: ela pode aprender muito rápido e melhorar cada vez mais.

Antes de você entender como a IA pode ser uma importante aliada para a preparação de suas apresentações, é preciso ter em mente o seguinte: tudo dependerá do comando, ou do famoso *prompt*, que você dará à ferramenta da IA. Quanto mais detalhado e específico for esse comando, melhor será o resultado para sua apresentação. Você pode indicar o tema geral, o tempo de duração previsto para a apresentação, a descrição da plateia (geração, nível de conhecimento etc.) e solicitar, por exemplo, os pontos principais a serem abordados, o tipo de linguagem a ser utilizada, os tipos de imagens a serem inseridas etc.

Como a IA pode ajudar em suas apresentações:

- **Pesquisa e resumo de conteúdo**: a IA pode vasculhar artigos e imagens referentes às informações definidas para estar em sua apresentação em um piscar de olhos, proporcionando-lhe uma economia de horas, e pode até, caso você solicite, inserir as referências bibliográficas nos *slides*.
- **Design de *slides***: sugerir *layouts* e esquemas de cores ou criar gráficos complexos que tornarão seu

conteúdo diferenciado e mais eficaz em termos de aprendizado.

- **Ensaios e *feedback***: a IA pode ser sua plateia, oferecendo *feedback* sobre o tempo utilizado, sobre sua dicção e sobre a clareza do conteúdo.

A IA chegou para transformar a maneira como criamos apresentações, tornando o processo mais eficiente, criativo e, sem dúvida, mais impactante. Ao aproveitar suas capacidades, podemos dedicar mais tempo ao que realmente importa: a mensagem que queremos transmitir e o impacto que desejamos causar. Porém, devemos estar conscientes de que a IA ainda possui limitações importantes. Ela pode não captar aspectos específicos de sua área de estudo ou a personalidade única que você quer imprimir em sua apresentação. Além disso, a criatividade ainda é inerentemente humana, especialmente quando se trata de fazer conexões inesperadas ou contar histórias envolventes. Como ela depende de alimentação com dados, suas apresentações podem não conter os dados mais recentes, se eles ainda não tiverem sido inseridos.

Algumas dicas práticas para utilizar a IA

1. Use a IA como uma ferramenta para complementar seu trabalho, não para substituí-lo. A IA lida com o que consome tempo e esforço, enquanto você se concentra na essência da apresentação.
2. Após a IA sugerir *designs* e/ou conteúdos, complemente-os com seu toque intelectual e pessoal. Isso manterá a autenticidade de sua apresentação.
3. Use diferentes ferramentas de IA para ensaiar sua apresentação e obter *feedback*. Isso pode ajudar a refinar sua entrega e tornar sua mensagem mais eficaz com relação ao objetivo traçado para a sua apresentação.

No **Apêndice 2** deste livro, você encontrará *sites* de IA que podem ser extremamente úteis para tornar suas apresentações mais impactantes.

Fonte: Banco de imagens – iStock.

CAPÍTULO 10

Enfrentando o medo de falar em público

Há dois tipos de oradores: aqueles que ficam nervosos e os que são mentirosos.

Mark Twain

O medo de falar em público, também conhecido como **glossofobia**, é um tipo de ansiedade social que se manifesta quando a pessoa tem de se expor verbalmente diante de uma plateia, não importa seu tamanho. Foi o tipo de fobia citado como o mais presente na população em geral, em diversos levantamentos, e afeta ou afetou, acreditem, pessoas brilhantes nos palcos, como o ex-presidente dos Estados Unidos, Barack Obama, e a cantora Adele.

Por que algumas pessoas têm tanto medo de falar em público? As possíveis explicações para a origem da glossofobia vão desde exposições públicas traumáticas anteriores, na infância ou na adolescência, até a associação com outros tipos de transtornos psicológicos, como transtorno de ansiedade generalizada ou transtorno de personalidade evitativa.

Independentemente da origem da glossofobia, o fato é que o sistema límbico (novamente ele) desempenha papel crucial em seu mecanismo de desenvolvimento e em suas manifestações. Ele é ativado quando estamos diante de uma situação que nos causa medo e leva à liberação de substâncias como adrenalina e cortisol. A resposta do sistema límbico pode ser desproporcional e gerar manifestações desagradáveis, como taquicardia, dispneia, boca seca, náuseas, tontura, rubor facial, tremores, entre outras. Essa resposta pode ser tão intensa que o indivíduo que sofre de glossofobia pode fazer de tudo para não se expor verbalmente, afetando seus desempenhos pessoal, acadêmico e profissional, bem como prejudicando sua autoestima.

A boa notícia, claro, é que a glossofobia pode ser abordada, nem sempre sendo necessárias a atuação de profissional de saúde mental e a utilização de terapias mais complexas. Porém, jamais deixe de buscar ajuda especializada se julgar que a glossofobia persiste em uma intensidade que prejudique você, pessoal ou profissionalmente.

Fonte: Banco de imagens – iStock.

Algumas dicas práticas para lidar com a glossofobia

1. **Antes de qualquer coisa, prepare-se muito bem para a apresentação**: domine o conteúdo, ensaie a oratória, exercite sua linguagem corporal, revise todo o material, antecipe as possíveis perguntas e pense em prováveis imprevistos. Ensaie, ensaie e ensaie, peça *feedback* e refaça melhor. Possivelmente, isso vai diminuir ou extinguir a necessidade de você aplicar as dicas seguintes e capacitá-lo para aplicá-las melhor.
2. **Reconheça que a ansiedade é uma resposta normal do organismo**: aceite isso como um acontecimento natural diante de mais uma situação importante que você enfrentará. Dificilmente isso eliminará sua ansiedade, mas certamente evitará que ela escale níveis mais altos, trazendo mais problemas.

3. **Exercícios de respiração diafragmática antes da apresentação ajudam a relaxar o corpo, oxigenar o cérebro e reduzir a frequência cardíaca**: alongamentos e massagens podem ajudar aliviar a tensão muscular.
4. **Tenha em mente que o mais importante é transmitir a sua mensagem, não agradar a todos ou ser perfeito**: você, em princípio, não é um ator, de quem não se espera erros em uma expressão corporal ou em uma fala de texto, tampouco um cantor, de quem não se espera um erro na entonação. Tente lembrar a quantas palestras perfeitas você já assistiu. Provavelmente, não conseguiu se lembrar de alguma. Não foque no que os outros vão pensar de você, mas no que você pode oferecer de valor para eles.
5. **Chegue cedo ao local da sua apresentação e ambiente-se com ele**: se for uma apresentação para uma plateia pequena, como em um pequeno evento, procure interagir com ela antes da apresentação. Apresente-se, troque impressões iniciais. Uma turma de desconhecidos pode se tornar um bom grupo de interação!
6. **Gire a chave do seu cérebro para o modo conversação, não atuação**: tente quebrar o gelo e criar uma conexão com a plateia o mais rapidamente possível. Isso diminui a ansiedade. Uma boa maneira de conseguir isso é usar humor e empatia. Comece a apresentação com uma história ou uma pergunta que envolva o público ou, caso se sinta à vontade, até com uma piada, mas sempre tome cuidado com o uso do humor! Atente-se a questões culturais, comportamentais, políticas, entre outras.
7. **Demonstre confiança**: isso transmite segurança e autoridade – importante gatilho mental – tanto para você quanto para a plateia, que se sentirá também confortável e se engajará em sua apresentação.

8. **Haverá sessão de perguntas e respostas? Não a encare como um desafio, mas como uma oportunidade para atingir seu objetivo traçado**: isso só vai funcionar muito bem se você tentar antecipar as possíveis perguntas e estiver mais bem-preparado, conforme mencionado no item 1.
9. **Não fuja do problema! A melhor maneira de superar a glossofobia é enfrentá-la**: procure oportunidades para falar em público e vá se expondo gradativamente a plateias maiores ou mais complexas, conforme você se sentir mais confortável. Assim, você vai ganhando experiência, confiança e habilidade.

APÊNDICE 1

Checklist para uma apresentação consagradora

Antes da apresentação	**Subtópicos**
Planejamento	❑ Definir objetivos (no máximo três, sendo um principal) ❑ Conhecer o público-alvo ❑ Preparar um conteúdo relevante, com atenção para uma abertura impactante, um desenvolvimento envolvente e um fechamento com convite à ação
Design dos *Slides*	❑ Escolher um *template* adequado ❑ Utilizar fontes legíveis e tamanhos apropriados ❑ Utilizar imagens em alta resolução, liberadas para uso, com tamanhos e propósitos apropriados ❑ Manter cores e estilos consistentes ❑ Inserir animações e transições relevantes
Ensaio	❑ Praticar todos os elementos da oratória e a coordenação com as animações e as transições dos *slides* ❑ Ajustar o tempo de apresentação ❑ Preparar respostas para perguntas potenciais ❑ Preparar reações para as interrupções potenciais
Verificação técnica	❑ Testar os equipamentos (projetor, passador de *slides*, *pointer*, áudio, internet etc.) ❑ Verificar a compatibilidade dos arquivos com as versões de *softwares* de apresentação ❑ Verificar a compatibilidade dos equipamentos (conectores etc.) ❑ Preparar *backups* de segurança (nuvem, *pendrive*, arquivo em *e-mail* de terceiro etc.)
Após a apresentação	**Subtópicos**
Feedback	❑ Solicitar avaliação da audiência com base em métricas específicas ❑ Solicitar avaliação da organização do evento com base em métricas específicas ❑ Autoavaliar sua *performance*
Análise	❑ Identificar pontos fortes e fracos ❑ Revisar as avaliações e as perguntas recebidas
Aperfeiçoamento contínuo	❑ Atualizar o material com base no *feedback* ❑ Praticar habilidades de apresentação ❑ Planejar para a próxima apresentação

Fonte: Autoria própria.

APÊNDICE 2

Alguns *websites* para busca de imagens, ícones, fontes e ferramentas gratuitas para interação com a plateia

Conforme já mencionado em vários capítulos deste livro, o uso de imagens, ícones, fontes, e interações com a plateia pode trazer efetividade para suas apresentações, sobretudo na memorização. Aqui estão algumas dicas para facilitar seu acesso a esses elementos, buscando, mais uma vez, otimizar o escasso tempo que você certamente possui como cientista ou comunicador de ciência. Os *websites* aqui apresentados em cada categoria não estão dispostos em uma ordem de preferência e estão longe de esgotar todas as possibilidades. Você poderá encontrar muitos outros com uma rápida pesquisa na internet. Cada um tem suas características, que devem ser avaliadas de acordo com suas necessidades e com suas preferências. Explore-os e certamente conseguirá obter elementos valiosos para enriquecer suas apresentações em termos de proporcionar aprendizado e ação.

1. Imagens em alta resolução

a. www.unsplash.com
b. www.pixabay.com
c. www.freepik.com
d. www.freeimages.com
e. www.morguefile.com
f. www.flickr.com
g. www.photosforclass.com

Alguns *sites* exigem assinatura para a liberação de uma variedade maior de imagens. Imagens vetoriais também podem ser encontradas nesses *sites*. Deve ser dado crédito ao criador da imagem. É recomendada a busca por meio de termos em inglês, pois, possivelmente, mais opções de imagens serão encontradas.

2. Ícones

a. www.thenounproject.com
b. www.flaticon.com

c. www.findicons.com
d. www.iconsarchive.com
e. www.iconfinder.com

Alguns *sites* exigem a assinatura para a liberação de ferramentas de edição. O *site* thenounproject.com pode ser adquirido como suplemento ao PowerPoint, com compartilhamento de ferramentas de edição. O próprio PowerPoint já possui uma coleção de ícones bem interessantes, que podem ser inseridos nos *slides*. Assim como no caso de busca de imagens em alta resolução, também é recomendada a busca utilizando termos em inglês nos *sites*.

3. Fontes

a. fonts.google.com
b. www.fontsquirrel.com
c. www.dafont.com
d. www.urbanfonts.com
e. www.fontspace.com
f. fontbundles.net

4. Mapas editáveis

a. https://yourfreetemplates.com

5. Modelos prontos de *slides*

a. www.slidemembers.com
b. www.poweredtemplates.com
c. www.slidebox.com.br
d. www.slidesgo.com

Os *websites* exigem uma assinatura para acesso a modelos de *decks* completos, inclusive para a área de Saúde. O Powered Templates tem muitos modelos gratuitos. Atenção à necessidade de atribuições de crédito ao autor exigida por alguns *sites*, caso utilize seus modelos prontos.

6. Ferramentas para interações com a plateia (enquetes)

a. www.kahoot.com
b. www.crowdpurr.com
c. www.mentimeter.com
d. www.edupulses.com
e. www.slido.com

As versões gratuitas geralmente apresentam restrições, como número limitado de perguntas por *quiz*, número de *quizzes* por evento, números limitados de participantes por *quiz* etc. No entanto, geralmente atendem muito bem a quem não realiza grandes eventos. O PowerPoint possui complementos, como o Vevox e o Poll Everywhere, que permitem interações com a plateia e demonstração dos resultados de enquetes em tempo real durante a apresentação.

Bibliografias consultadas

Anderson C. TED Talks: The Official TED Guide to Public Speaking. Boston: Houghton Mifflin; 2016.

Anderson LW, Krathwohl DR. A Taxonomy for Learning, Teaching, and Assessing: a Revision of Bloom's Taxonomy of Educational Objectives. New York: Longman; 2001.

Andrade J. O que são gatilhos mentais? Tudo sobre os sete gatilhos mais importantes e como usá-los. Talent Network, 29 abr. 2019 [internet]. Disponível em: https://rockcontent.com/br/talent-blog/gatilhos-mentais/ [acesso em: 6 dez. 2023].

Andreatta B. Wired to Grow: Harness the Power of Brain Science to Learn and Master Any Skill. 7th Mind Publishing; Nova York, 2019.

Baddeley A, Eysenck MW, Anderson MC. Memory. 3rd. ed. Abingdon: Routledge; 2020.

Blikstein, I. Falar em público e convencer: técnicas e habilidades. São Paulo: Contexto; 2016.

Brahams M. Speaking Up without Freaking Out: 50 Techniques for Confident, Calm, and Competent Presenting. 3rd. ed. Dubuque, IA: Kendall Hunt Publishing Co.; 2016.

Brown PC, Roediger HL, McDaniel MA. Make it Stick: the Science of Successful Learning. Cambridge: Belknap Press; 2014.

Campbell J. O herói de mil faces. São Paulo: Pensamento; 2009.

Cialdini RB. Influence: the Psychology of Persuasion. New York: Harper Collins; 2021.

Concepcion WLE et al. Glossophobia Among Science Major Students: Level, Effects, and Coping Mechanisms in Classroom Presentation. Psych Educ. 2023,15(3):198-206.

Dale, E. Audio-Visual Methods in Teaching. 3rd. ed. New York: Dryden Press; 1969.

Death by PowerPoint: the slide that killed seven people. McDreeamie-Musigns, apr. 15th 2019 [internet]. Available at: https://mcdreeamiemusings.com/blog/2019/4/13/gsux1h6bnt8lqjd7w2t2mtvfg81uhx [accessed in: dec. 8th 2023].

Duarte N. Resonate: Present Visual Stories that Transform Audiences. Hoboken: John Wiley & Sons; 2010.

Duarte N. Slideology: the Art and Science of Creating Great Presentations. Sebastopol: O'Reilly Media; 2008.

Duhigg C. The Power of Habit: Why We Do What We Do in Life and Business. New York: Random House; 2012.

Guyton AC, Hall JE. Tratado de Fisiologia Médica. São Paulo: GEN Guanabara Koogan; 2021.

Heath C, Heath D. Made to Stick: Why Some Ideas Survive and Others Die. New York: Random House; 2007.

Kirkpatrick DL, Kirkpatrick JD. Evaluating Training Programs: the Four Levels. San Francisco: Berrett-Koehler; 2006.

Lieberman DZ, Long ME. Dopamina: a molécula do desejo. Rio de Janeiro: Sextante; 2023.

Marques JR. Gatilhos mentais: o que são e qual a sua importância. Instituto Brasileiro de Coaching, 18 set. 2020 [internet]. Disponível em: https://www.ibccoaching.com.br/portal/gatilhos-mentais-o-que-sao-e-qual-a-sua-importancia/ [acesso em: 6 dez. 2023].

Mayer RE. Multimedia Learning. 3rd. ed. Cambridge: Cambridge University Press; 2020.

Medina J. Brain Rules: 12 Principles for Surviving and Thriving at Work, Home, and School. Seattle: Pear Press; 2014.

Meyers P, Nix S. As We Speak: How to Make Your Point and Have It Stick. New York: Atria Books; 2012.

Olhar Digital. Uso do Microsoft Teams se multiplicou em quatro vezes desde março. Olhar Digital, [São Paulo], 19 maio 2020. Disponível em: https://olhardigital.com.br/2020/05/19/noticias/uso-do-microsoft-teams-se-multiplicou-em-quatro-vezes-desde-marco/. Acesso em: 10 dez. 2024.

Phillips JJ, Phillips PP. Measuring the Success of Learning Through Technology: a Guide for Measuring Impact and Calculating ROI. Alexandria: ASTD Press; 2014.

Pink DH. To Sell is Human: the Surprising Truth about Moving Others. New York: Riverhead Books; 2012.

Reynolds G. Presentation Zen: Simple Ideas on Presentation Design and Delivery. Berkeley: New Riders; 2011.

Sinek S. Start with Why: How Great Leaders Inspire Everyone to Take Action. New York: Portfolio; 2011.

Sousa DA. How the Brain Learns. Thousand Oaks: Corwin Press; 2022.

Thompson M. Virtual presentations that work. Harvard Business Review. 2020. Disponível em: https://hbr.org/2020/04/virtual-presentations-that-work. Acessado em 16 de dezembro, 2023.

Tufte ER. The Visual Display of Quantitative Information. Cheshire: Graphics Press; 2001.

Williams RL, Tollett J. The Non-Designer's Design Book. 4th. ed. Berkeley: Peachpit Press; 2014.

Zull JE. The Art of Changing the Brain: Enriching the Practice of Teaching by Exploring the Biology of Learning. Sterling: Stylus Publishing; 2002.

Índice remissivo

M

N

P

R

S

T

W

Z